BIOGRAPHIE

DE

M. MERCIER-LACOMBE

PAR

OCTAVE TEISSIER

> « Or, pour le dépeindre, il suffit d'un mot :
> « c'était un caractère. — La rectitude de son juge-
> « ment, la droiture de ses intentions et, par-dessus
> « tout, l'austérité de sa vie, faisaient de lui le type
> « accompli du fonctionnaire attaché à ses devoirs
> « publics, non moins qu'à ses devoirs privés. »
> XXX.

DRAGUIGNAN
C. ET A. LATIL, IMPRIMEURS, BOULEVARD DE L'ESPLANADE, 4.
1876.

BIOGRAPHIE

DE

M. MERCIER-LACOMBE

PAR

OCTAVE TEISSIER

> « Or, pour le dépeindre, il suffit d'un mot :
> « c'était un caractère.— La rectitude de son juge-
> « ment, la droiture de ses intentions, et par-dessus
> « tout, l'austérité de sa vie, faisaient de lui le type
> « accompli du fonctionnaire attaché à ses devoirs
> « publics, non moins qu'à ses devoirs privés. »
>
> XXX.

DRAGUIGNAN
TYPOGRAPHIE DE C. ET A. LATIL, ESPLANADE, 4.

1876.

A MONSIEUR NOUVION,

PRÉFET DU DÉPARTEMENT D'ORAN.

Mon cher Ami,

Nous avons été, l'un et l'autre, les élèves, les amis respectueux et dévoués de M. Mercier-Lacombe. Fidèles à son souvenir, nous rendons hommage à sa mémoire : vous, en suivant avec distinction la carrière qu'il a si noblement parcourue; moi, en rappelant les services qu'il a rendus à son pays, son caractère si honorable, et les précieuses qualités qui le faisaient aimer de tous ceux qui le connaissaient.

Voilà pourquoi je place votre nom au commencement de cette biographie, au bas de laquelle je vais mettre le mien, non sans émotion, car ce sera, en quelque sorte, me séparer de lui une seconde fois.— Je m'étais habitué, en écrivant cette œuvre de sympathie et d'affection, à me croire encore au temps heureux, où sa vie était la nôtre, et où nous écoutions avec tant de respect et de confiance ses conseils, dictés par la plus affectueuse amitié.

A vous de tout cœur.

OCTAVE TEISSIER.

Marseille, 5 janvier 1876.

BIOGRAPHIE

DE

M. MERCIER-LACOMBE.

—◆—

Les moralistes nous disent, chaque jour, que le respect de la famille, le respect de l'autorité, tendent à disparaître de nos mœurs.

Cela n'est vrai que dans une certaine mesure.

Dans les familles où le père et la mère vivent en parfaite communauté de sentiments et donnent des exemples de piété, de soumission pour les aïeuls, les enfants, élevés dans une sorte de culte pour leurs parents, n'oublient jamais le respect qui leur est dû.

Il en est absolument de même pour les fonctionnaires, qui sont toujours assurés du respect de leurs administrés, quand ils savent le mériter par leur sagesse, leur dévouement et leur impartialité.

Ces réflexions me sont inspirées par le souvenir d'un fonctionnaire, très honorable et très distingué, qui, pendant une longue carrière administrative, se vit constamment entouré du respect, de la considération et de la sympathie publique, parce qu'il ne cessa pas un jour de veiller sur lui-même, et de remplir, avec une scrupuleuse fidélité, toutes les obligations que lui imposaient les fonctions dont il était investi.

M. Mercier-Lacombe, ancien préfet du Var, ancien directeur général des services civils de l'Algérie, fut cet administrateur modèle. Il fut, en outre, cela se devine, un fils respectueux, rempli de sollicitude et de tendresse pour ses vieux parents. — Sa vie, que je vais essayer de retracer, mérite d'être connue; ne serait-ce que pour donner, une fois de plus, la preuve que, dans notre pays, les fonctionnaires honnêtes, consciencieux, intelligents et dévoués ne sont pas aussi rares qu'on veut bien le dire.

M. Gustave Mercier-Lacombe (1), né près d'Hautefort

---

(1) Le nom patronymique de la famille de l'homme éminent dont nous entreprenons la biographie, est *Mercier de Lacombe*. Il a été reconnu tel par un jugement du tribunal de la Seine, du 25 juillet 1861. M. Mercier-Lacombe ne portait pas la particule que son père avait dû quitter en vertu des lois révolutionnaires.

La famille *Mercier de Lacombe* était une ancienne famille qui, après avoir possédé diverses seigneuries, avait éprouvé des revers de fortune au commencement du dernier siècle.

La famille maternelle de M. Mercier-Lacombe avait une vieille noblesse militaire dont son oncle, M. de Lansade de Plagne, avait fourni les preuves, quelques mois avant la Révolution, pour entrer à l'école de Sorrèze. Elle a pour arme parlante une lance.

(Dordogne), le 13 mai 1815, appartenait à une des familles les plus estimées du Périgord. Son arrière grand père, arrêté comme suspect pendant la Terreur, était mort en prison; malgré les menaces qui pesaient sur lui, son grand père, Bertrand Mercier, sieur de Lacombe, se mit à la tête des honnêtes gens avec une énergie qui laissa un durable souvenir parmi les populations. Le grand père et le père de M. Mercier-Lacombe avaient dans toute la contrée une influence qui les investit tout naturellement des fonctions de maire d'Hautefort pendant plus d'un quart de siècle.

La mère de M. Mercier-Lacombe, née de Lansade de Plagne, était une femme d'un rare esprit, d'une haute et intelligente piété, d'une bonté et d'une sérénité de caractère, qui la faisaient adorer de tout son entourage. Son fils avait pour elle la plus grande affection. « Quand vous écrirez à votre mère, — lisons-nous dans une lettre que lui adressait le général Pélissier, en 1850, — à cette mère qu'il m'a fallu bien peu pour voir que vous l'aimiez tant, à mes respects pour elle, ajoutez, de grâce, un mot pour la maréchale et ses enfants. » (1).

---

(1) Mme la maréchale Bugeaud, qui portait, en ce moment, le deuil du Maréchal (décédé le 15 juin 1849), allait souvent à *La Chobroulie* (propriété de M. Mercier) chercher des consolations auprès de son ancienne et digne amie, Mme Mercier-Lacombe.— Le général Pélissier avait été le chef d'état-major du maréchal Bugeaud, alors que M. Mercier-Lacombe était son secrétaire.

La famille Mercier-Lacombe habitait une vaste propriété, connue sous le nom de *La Chabroulie*, située près d'Hautefort et à quelques kilomètres d'Exideuil, ou résidait la famille du général Bugeaud. Le général voyait souvent le jeune Gustave Mercier-Lacombe, soit à la campagne, soit à Paris, pendant qu'il y faisait son droit. Il l'avait pris en grande amitié. Ses habitudes laborieuses, ses goûts pour l'agriculture qu'il tenait de son père, et, il faut bien le dire, la flatteuse assiduité avec laquelle il suivait les discussions de la chambre, où le député Périgourdin commençait à faire quelque bruit, avaient établi, entre l'homme politique et l'étudiant en droit, de fréquentes et sympathiques relations; relations respectueuses et dévouées d'un côté, affectueuses et presque paternelles de l'autre. Les lettres que le général écrivait à son jeune ami, à cette époque, disent bien tout l'intérêt qu'il lui portait.

La plus ancienne est datée d'Exideuil, le 18 octobre 1838; elle est adressée à *La Chabroulie*, où le futur avocat était venu se réfugier, non pour se reposer, mais pour travailler.

« Mon cher Gustave, lui disait le général, on danse à Exideuil dimanche prochain, venez en prendre votre part, je vous attends à dîner. Il faut bien que vous sortiez quelquefois de votre retraite et que vous vous amusiez un peu!

« Mille choses aimables à tous les vôtres. Tout à vous. Bugeaud. »

A cet âge où, d'ordinaire, on aime la vie extérieure et les plaisirs (il avait à peine 23 ans), M. Mercier-Lacombe ne se plaisait déjà que dans la retraite et le recueillement du cabinet. Il est vrai qu'il mettait, en ce moment, toute sa jeunesse, tout son cœur, dans une œuvre littéraire qui devait obtenir un certain succès.

Naissance et Génie (tel était le titre du roman qu'il écrivait) parut, dans les premiers jours de 1839, chez Hippolyte Souverain, éditeur de Frédéric Soulié et d'Honoré de Balzac. M. Philarète Chasles en rendit compte en ces termes, dans le *Journal des Débats* :

« Ce livre, dont l'intention est excellente et le style remarquable, a pour épigraphe le mot grec *patheïn*, qui veut dire : « souffrir » et « sentir », et pour but l'apothéose du devoir. L'auteur voudrait que la société renouât cette chaîne du devoir, chaîne brisée. La religion, dit-il, ne lie plus, l'opinion à peine. En effet, la discipline sociale a disparu; la morale universelle n'est plus avouée; les règles générales sont effacées. D'où vient cela ?

« Du progrès naturel des sociétés qui usent leurs formes, comme nous dépensons nos facultés....

« L'auteur oppose à ce déchirement des volontés, la puissance du devoir. Il veut en montrer non seulement la sainte morale, mais l'influence sur notre bonheur. Il consacre un bon livre à cette doctrine, qu'il poétise d'ailleurs très bien.— Son roman offre plusieurs situations intéressantes, qui prouvent la grandeur du devoir accompli, la satisfaction personnelle résultant de cet acte, et la sublimité de la pratique. Un style coloré et vif, dont l'expression court souvent des hasards brillants, mais dont le caractère est énergique et net, anime la fiction de l'écrivain. »

Encouragé par l'accueil fait à cette œuvre, M. Mercier-Lacombe se lança, avec l'ardeur de son âge, dans la carrière littéraire. Il publia divers articles dans ces journaux éphémères, qui recherchent la collaboration gratuite des débutants. Mais, soit qu'il voulut se poser en réformateur, soit qu'il n'eut pas les qualités nécessaires pour réussir dans cette presse légère, qui touche à tout, sans rien approfondir, ses débuts ne furent pas heureux. Quelques-uns de ses articles furent même critiqués avec une ironie assez vive par le *Petit Furet*. Sa plume, un peu solennelle et toute imprégnée de souvenirs classiques, ne se prêtait pas à la polémique. Il renonça bien vite à cette littérature puérile et dangereuse.

D'ailleurs, il songeait à entrer au Conseil d'État, et comprenant que les luttes passionnées de la presse le détournaient de son but, il se remit aux études sérieuses, pour lesquelles il avait une réelle aptitude.

Pendant ce temps, le général Bugeaud, qui s'était chargé de son avenir, faisait des démarches auprès du Garde des Sceaux et obtenait sa nomination d'auditeur au Conseil d'État. Il lui en donna avis, le 28 janvier 1839, par le billet que je transcris ci-après :

« Mon cher Gustave, je crois pouvoir vous assurer que vous êtes nommé auditeur. Je vous conseille d'aller demain à la soirée de M. le Garde des Sceaux. Je suis heureux de pouvoir vous annoncer cette nouvelle ; ne le dites toutefois à votre père que lorsque vous aurez votre nomination, ou que vous aurez vu votre nom dans le *Moniteur*.

« Votre très-affectionné : Bugeaud. »

Cette nomination eut lieu, en effet, peu de jours

après (1). — M. Mercier-Lacombe fut attaché au comité de la guerre et de la marine, où il demeura jusqu'au 25 octobre 1840. Un arrêté du Garde des Sceaux le désigna, à cette époque, pour faire partie du comité de l'Intérieur et de l'Instruction publique.

Vers la fin de cette année (29 décembre 1840), M. le général Bugeaud, nommé gouverneur général de l'Algérie, demanda au Ministre de la Justice de vouloir bien mettre à sa disposition le jeune auditeur au Conseil d'État. M. Mercier-Lacombe fut, en effet, attaché au Gouvernement général, et se mit en mesure de partir pour l'Algérie, où il arriva, avec le nouveau Gouverneur, le 22 février 1841.

A l'époque où le général Bugeaud prit possession du gouvernement de l'Algérie, notre colonie était loin de prospérer. Après dix ans d'occupation, la France n'avait su conquérir et conserver que quelques villes situées sur le littoral. Le chiffre total de la population européenne ne s'élevait qu'à 26,987 habitants. Les colons n'osaient pas s'aventurer dans l'intérieur des terres; leurs récoltes étaient saccagées aux portes mêmes d'Alger.

En moins de sept ans, de février 1841 à septembre 1847, le général Bugeaud soumit toute l'Algérie, de la Tunisie au Maroc, et y appela plus de 100,000 colons (2), justifiant ainsi sa belle devise : *Ense et aratro.*

(1. L'incendie des archives du Conseil d'Etat ne m'a pas permis de me procurer la date précise de cette nomination; mais le nom de M. Mercier-Lacombe figure, en 1839, dans la liste des auditeurs, publiée par l'*Almanach Royal.*

(2) Le recensement opéré, en 1847, porte le chiffre de la population européenne à 115,803.

M. Mercier-Lacombe prit une large part à cette œuvre de colonisation, si rondement conduite par le soldat laboureur. Il remplit, pendant les premiers temps, les fonctions de secrétaire particulier du Général, et l'accompagna dans diverses expéditions; puis il revint s'installer à Alger avec les autres employés du secrétariat. Il correspondait directement avec le Gouverneur, qui avait en lui la plus entière confiance et qui ne lui cachait aucune de ses impressions.

Il est regrettable que M. Mercier-Lacombe n'ait pas conservé cette correspondance, qui devait être remplie d'intérêt. Quelques billets, retrouvés parmi ses papiers intimes, en révèlent l'importance. Voici, notamment, un mot écrit de Mostaganem, le 18 mai 1841, qui dit bien toute la sollicitude du Général pour ses troupes : « Je pars, aujourd'hui, pour Tekedempt, lui écrivait-il, avec une colonne mal outillée en transports. J'ai été obligé de charger ma cavalerie, et mes sacs ne valent rien, ils éclatent de partout; je suis désespéré. Adieu, Adieu. B. »

Ce qui donne un certain piquant à ces lignes, c'est qu'un des historiens les plus autorisés parle en termes pompeux de ce matériel qui désespérait le brave général (1).

M. Mercier-Lacombe quitta les bureaux du Gouverneur général, le 14 avril 1844, pour occuper les fonctions de secrétaire général de la direction de l'Intérieur. L'année

---

(1) « Le 18 mai 1841, une colonne, commandée par le Gouverneur général et *munie d'un matériel de siège imposant*, partit de Mostaganem. » L'*Algérie*, par Léon Galibert, p. 530.

suivante, il était nommé sous-directeur de l'intérieur et des travaux publics à Oran — En 1847, lorsque l'Algérie fut divisée administrativement en trois provinces, le gouvernement le maintint à Oran avec le titre de Directeur des affaires civiles.

Puissamment secondé par le général Lamoricière, commandant la province d'Oran, et plus tard par le général Pélissier, M. Mercier-Lacombe sut donner une vive impulsion aux travaux de la colonisation, et surtout à la construction des routes, sans lesquelles tous ses efforts pour développer la mise en culture des terres seraient restés sans résultat. Il eut bientôt la satisfaction de voir prospérer divers villages fondés sous son administration. Plusieurs de ces centres de population sont signalés aujourd'hui parmi les plus importants de la province.

M. Picat, président du Conseil général du département d'Oran, a constaté ce fait si honorable pour la mémoire de M. Mercier-Lacombe. S'adressant à ses collègues, le 18 décembre 1874, il leur disait : « Je crois aller au-devant de vos désirs, Messieurs, en vous proposant de prier le gouvernement de doter l'un des centres projetés du nom populaire de M. MERCIER-LACOMBE. Je n'ai pas besoin de vous rappeler que c'est à cet administrateur, que notre département doit ses quatre premiers et plus beaux villages : *Sidi Chami*, *Misserghin*, *Valmy* et *Arcole*. En quittant notre département, pour occuper les positions les plus élevées dans l'administration algérienne et dans la métropole, M. Mercier-Lacombe n'a cessé d'honorer notre département de sa haute sollicitude. Proposer au gouvernement d'inscrire son nom dans le catalogue des hommes distingués, qui ont marqué le plus utilement leur passage dans la colonie, c'est demander un acte de justice et la récompense d'incontestables services, en même temps qu'un encouragement à leurs successeurs dans la difficile mission qu'ils ont à remplir.

« Ce vœu est adopté à l'unanimité (1). »

La Révolution du 24 février 1848 envoya en Afrique des fonctionnaires républicains. M. Mercier-Lacombe fut remplacé. Il revint à Hautefort, auprès de sa mère, et reprit cette bonne vie de bourgeois campagnard, pour laquelle il avait le goût le plus vif. Il aimait l'agriculture et les agriculteurs.

C'est à cette époque, qu'il eut, pour la première fois, la pensée de créer une caisse de retraite pour la vieillesse agricole ; il en proposa l'institution dans une réunion cantonale, et peu de mois après, il écrivit au maréchal Bugeaud, pour le prier de prendre cette œuvre sous son patronage.

« Le vote universel, lui disait-il, le 12 décembre 1848, a pour effet de faire passer la puissance dans le peuple des campagnes, qui a le nombre. C'est lui qui aura élu Louis Bonaparte. Il faudra qu'on s'en souvienne et qu'on fasse quelque chose pour lui. Il nous faut le dégrèvement de l'impôt du sel, et des institutions de prévoyance pour la vieillesse et l'infirmité des travailleurs agricoles. Ce sont là des réformes qui feront durer un gouvernement. A vous, Monsieur le Maréchal, d'en prendre, ou plutôt d'en

---

(1) Délibération du Conseil général du département d'Oran du 18 décembre 1874.

reprendre la glorieuse initiative ! Couronnez votre magnifique carrière en vous dévouant à cet immense peuple agricole de France, pour lequel on a souvent parlé et rarement fait quelque chose. J'ai déjà eu l'honneur de vous entretenir de mon projet de caisses cantonales, pour les agriculteurs âgés de 70 ans ou infirmes avant cet âge. C'est une idée féconde qu'il serait digne de vous de faire éclore. »

Le maréchal Bugeaud, surpris par la mort six mois après, n'eut pas le temps de faire adopter ce projet généreux et politique, qui pouvait produire d'excellents résultats. Il y serait parvenu sans doute, s'il avait vécu, car c'était un caractère ferme et persévérant, qui savait vouloir le bien. M. Mercier-Lacombe, qu'il affectionnait parce qu'il avait reconnu en lui ces deux grandes qualités, la fermeté et la droiture, tenta plus tard de réaliser ce rêve philanthropique, en instituant, dans le département du Var, des primes en faveur de la vieillesse agricole.

A la date même où M. Mercier-Lacombe adressait la lettre que nous venons de lire au maréchal Bugeaud, le gouvernement réorganisait l'administration de l'Algérie. (16 décembre 1848.) La division en trois provinces était maintenue, mais le territoire civil de chaque province formait un département, confié à un préfet, qui correspondait directement avec le Ministre de la guerre. Le général, commandant la division, administrait le territoire militaire sous l'autorité du gouverneur. Un secrétaire général, nommé par le Président de la République, devait être chargé de la préparation et de l'expédition des affaires administratives attribuées au gouverneur général.— M. le général de Lamoricière, ministre de la guerre, qui avait connu et apprécié M. Mercier-Lacombe pendant qu'ils étaient l'un et l'autre à Oran, lui offrit les fonctions de secrétaire général. M. Mercier-Lacombe demanda sans doute quelques semaines pour réfléchir, car sa nomination n'eut lieu que le 8 février 1849.

Le gouvernement faisait, depuis trois mois, l'essai d'un nouveau système de colonisation, d'après lequel toutes les dépenses étaient à la charge de l'État. Le colon recevait une maison, des terres et des rations; il n'avait qu'à se laisser vivre.

Tel était, en effet, le mécanisme très simple, mais très coûteux du décret du 19 septembre 1848, qui se résumait ainsi :

Les colons cultivateurs, mariés ou célibataires, recevaient gratuitement :

1° Une habitation construite aux frais de l'État;

2° Un lot de terre, dont la contenance variait de 2 à 10 hectares, selon le nombre des membres de la famille;

3° Les semences, les instruments de culture et un cheptel de bestiaux indispensable à la mise en valeur des terres;

4° Il leur était alloué, pendant le temps qu'ils employaient à la culture de leurs terres, jusqu'à ce qu'elles fussent mises en valeur, des rations de vivres, dont les quantités étaient déterminées par le Gouverneur général.

Rien ne pouvait mieux convenir à la population ouvrière de Paris que cette émigration, qui lui permettait de faire, aux frais de l'État, un voyage en Algérie et d'y vivre en propriétaires. Aussi la vit-on se presser dans les mairies pour se faire inscrire. Le 8 octobre 1848, 36,000 ouvriers s'étaient fait inscrire à Paris seulement.

Le premier convoi de colons parisiens partit ce jour même. Il se composait de 800 émigrants. Des dispositions étaient prises pour en expédier 10,000 avant la fin de l'année.

Tous les centres agricoles, destinés à recevoir ces colons, étaient situés dans le territoire militaire. C'était donc au secrétaire général du gouvernement, qu'incombait la difficile mission de les organiser. M. Mercier-Lacombe s'y dévoua avec l'énergie, l'activité et l'intelligence qu'il avait déployées, à une autre époque, pour créer les villages agricoles de la province d'Oran. Cependant, il ne se faisait aucune illusion sur le succès d'une œuvre entreprise avec de tels éléments. A peine était-il installé et commençait-il à voir clair dans cette colonisation exceptionnelle, que le maréchal Bugeaud lui écrivit pour lui signaler toutes les impossibilités d'un système qu'il ne craignait pas d'appeler extravagant. Sa lettre mérite d'être connue. Il s'y montre tout entier, avec sa verve et sa franchise accoutumées.

« Mon cher Mercier,

« Je m'étonne que vous n'ayez pas eu encore quelque grosse affaire avec les arabes; il est dans la nature des choses que cela soit, un peu plus tôt ou un peu plus tard; jusqu'ici vous n'avez eu que des symptômes qui n'ont pas beaucoup de gravité matérielle, mais qui me paraissent être les précurseurs d'une grande explosion. Votre nouvelle colonisation ne contribuera pas peu à amener des événements. Elle achève d'ouvrir les yeux des arabes et, comme elle n'a aucune puissance définitive en elle-même, elle sera un immense embarras pour le Gouverneur général. Aujourd'hui, il faut que les troupes fassent tous ces travaux : en cas d'insurrection, il faudra de nombreux bataillons pour la protéger. Ces bataillons seront immobilisés, et ne pourront servir en rien, dans l'action qui aura lieu pour réduire de nouveau les arabes. — Admirable colonisation, que celle où il faut faire tous les travaux des colons et puis les garder en cas de danger! et ce sont les hommes qu'on n'a pas voulu pour coloniser, qui installent la colonisation et qui la protègent! Et cela n'ouvrira pas les yeux des opposants à la colonisation militaire! On continuera à préférer cette mauvaise population des villes à nos braves soldats. Non, jamais l'extravagance humaine ne se montra plus évidemment.

« Si l'organisation civile a toute la puissance que disent nos insensés, que ne travaille-t-elle, que ne se garde-t-elle elle-même! Il faudra bien se presser de mettre sous le régime civil les nouvelles colonies, elles ne sont pas assez faibles comme cela. Pauvre pays! comme on fait tes affaires en tout point!

« Je parierais qu'avant deux ans, les familles qui vous resteront auront coûté au moins 6,000 fr. et vous n'en aurez pas encore fini avec elles. Si du moins on vous avait envoyé les émeutiers! mais il paraît, qu'en général, ce sont des familles d'assez honnêtes ouvriers, mais qui étaient malheureuses. Elles n'ont, m'écrit-on, d'autre grand défaut que celui d'être fort impropres à l'œuvre de colonisation rurale.

« Je trouve exorbitant que l'on donne trois francs par jour aux ouvriers d'art, pour construire leurs propres maisons ; en y joignant les vivres de campagne pour eux, leurs femmes et leurs enfants, c'est au moins quatre francs par jour ; pendant que nos soldats, ouvriers d'art, ne reçoivent que 50 c. et les autres 35 c. Ne peut-on pas dire, avec vérité, que nos troupes sont les esclaves des blouses de Paris ? mais il faut bien se garder de dire cela tout haut............ ....

« Adieu, quand vous aurez le temps, donnez-moi quelques détails sur vos affaires civiles et arabes.

« Maréchal Bugeaud d'Isly. »

Lyon, 5 mai 1849.

Le maréchal était prophète. Il y eut, bientôt après, de nouvelles insurrections, qui furent, il est vrai, assez promptement comprimées ; mais il fallut employer de nombreuses troupes pour garder les colonies agricoles. Les colons parisiens, *les blouses de Paris,* comme il les appelait, ne montrèrent jamais les mêmes aptitudes pour coloniser que les soldats libérés, qui joignaient à des habitudes de discipline et de travail, l'énergie et l'expérience nécessaires pour se défendre contre les arabes.

Les colonies parisiennes eurent des commencements déplorables. Ces ouvriers, subitement transformés en cultivateurs, ne savaient que chasser et trafiquer des terres ou du matériel qu'on leur avait confié. M. Mercier-Lacombe écrivant, au nom du gouverneur, à MM. les généraux commandant les divisions militaires, signalait, en ces termes, les abus dont les nouveaux colons se rendaient coupables :

« Je suis informé que, dans quelques colonies, un certain nombre de colons poussent l'incurie et la paresse jusqu'à ne s'occuper en rien des travaux de la terre. C'est ainsi que, pendant que leurs camarades travaillaient à leurs jardins, à leur moisson, ils partaient, dès le matin, pour la chasse, la pêche ou la promenade dans les localités voisines. C'est ainsi, encore, que beaucoup se sont refusés à dépiquer et à battre leurs blés, et ont obligé les Directeurs à recourir à la main d'œuvre étrangère, c'est-à-dire, aux bras des arabes, des soldats. Presque partout, c'est à ces derniers que l'on abandonne le soin des bœufs de labour, la garde des troupeaux. Quelques colons ont été jusqu'à penser qu'on tolèrerait qu'ils donnassent aux indigènes leurs lots de 2e zone à bail, pour moitié fruit. D'autres se sont empressés de vendre les foins qu'ils avaient récoltés, sans s'inquiéter comment ils nourriraient leurs bestiaux.

« De tels abus, de tels scandales doivent cesser dès à présent. Faites connaître, Général, à tous les colons agricoles de votre province, qu'autant je serai toujours bienveillant pour les familles honnêtes et laborieuses, autant je serai impitoyable pour celles qui méconnaissent ainsi la sollicitude du gouvernement (1). »

Les mesures énergiques qui furent prises par le gouverneur général, sur la proposition de M. Mercier-Lacombe, ramenèrent la discipline dans les colonies agricoles. Aussi,

(1) Circulaire du 1er septembre 1849.

sans donner tous les résultats que l'on en attendait, beaucoup d'entre elles réussirent : sur quarante centres, créés de 1848 à 1851, une trentaine ont prospéré. Il est vrai que, depuis cette époque, la plupart des colons primitifs ont cédé leurs concessions ou ont été remplacés par de véritables agriculteurs.

La création de ces quarante colonies, peuplées de 14,000 émigrants, ne s'effectua pas sans difficulté. Il fallut toute la persévérance, toute la fermeté de M. Mercier-Lacomb pour mener à bonne fin une semblable entreprise. Le généraux commandant les divisions militaires, chargés de diriger les travaux et de surveiller ces colons, y mirent eux-mêmes un grand dévouement. Ils entretenaient d'ailleurs les meilleures relations avec le secrétaire général, qui leur était extrêmement sympathique. M. Mercier-Lacombe avait connu la plupart d'entre eux, capitaines ou colonels, pendant qu'il remplissait les fonctions de secrétaire du maréchal Bugeaud. Il s'était lié plus intimement avec le général Pélissier, qui avait été chef d'état-major du Maréchal et qu'il avait retrouvé ensuite à Oran.

Le général Pélissier, si brusque, si vif et quelquefois même si violent, ne se départit jamais d'une parfaite convenance de langage envers M. Mercier-Lacombe.

J'ai sous les yeux une correspondance des plus intéressantes, échangée entre ces deux hommes de grande valeur. On y voit leurs relations se resserrer de jour en jour ; plus ils se connaissent, plus ils s'apprécient. Le général ne néglige rien pour détruire l'impression singulière que produisait ordinairement son abord froid et rude. Il est vrai qu'il exagérait un peu ses manières soldatesques, et souvent il se montrait violent pour cacher la profonde sensibilité qui l'envahissait. C'était une nature aimante et vraiment sensible ; mais, il ne lui plaisait pas de laisser voir le fond de son cœur.

Une des premières lettres de cette correspondance, que je voudrais pouvoir publier en entier, exprime bien toute la sympathie que M. Mercier-Lacombe avait su inspirer au général. « C'est on ne peu plus aimable à vous, cher et si bon secrétaire général, lui écrivait-il, d'Oran, le 18 mai 1850, d'avoir pensé à me donner un mot de souvenir... J'en ai été touché dans la sincère acception du mot. Si vous avez été content de moi, je l'ai bien été de vous, je vous l'assure, et si vous m'avez trouvé bienveillant (1), ce n'était qu'une manière de vous le dire... Je vaux mieux que ma sombre réputation. Je le vérifie tous les jours et je suis bien heureux lorsque des hommes aussi distingués que vous me donnent l'occasion de le remarquer. »

Nommé gouverneur général par intérim, le 18 mai 1851, le général Pélissier témoigna sa haute estime à M. Mercier-Lacombe en lui abandonnant, en quelque sorte, la direction des affaires civiles. Il n'intervenait que dans les questions les plus importantes et encore en laissait-il toute l'initiative à son « cher secrétaire général. »

Du reste ces deux esprits, si bien faits pour s'entendre, jugeaient les choses et les hommes au même point de vue.

---

(1) M. Mercier-Lacombe, toujours rempli de déférence pour le général Pélissier, qui avait 20 ans de plus que lui, avait employé à dessein le mot *bienveillant*. Le général relève l'expression et l'explique d'une manière charmante.

Très nets et très fermes l'un et l'autre, ils allaient droit au but et n'hésitaient jamais à soutenir une cause ou une opinion qui leur paraissait juste, alors même que le Ministre, dont ils dépendaient, ne partageait pas leur manière de voir.

Je ne puis résister au désir d'en citer un exemple qui, d'ailleurs, me permettra de remettre en lumière une des questions relatives à la colonisation, qui ont été le plus discutées.

M. Mercier-Lacombe (1) avait tenté, plusieurs fois, de faire revenir le Ministre de la guerre sur le principe des concessions gratuites; il était d'avis que ces concessions, généralement accordées aux solliciteurs les plus appuyés, mettaient les terres entre les mains de gens nécessiteux, qui, loin de faire prospérer la colonie, demeuraient presque toujours à la charge de l'assistance publique. Il disait que le propriétaire, ou même le spéculateur, qui aventurait des fonds pour acquérir la terre et qui pouvait ensuite en disposer librement, cherchait toujours à tirer parti de cette terre, soit en la cultivant lui-même, soit en la vendant à un cultivateur; tandis que le concessionnaire, qui n'avait rien à perdre, l'abandonnait au premier insuccès, et ne pouvait même pas la revendre parce qu'il ne la possédait qu'à titre provisoire.

M. Mercier-Lacombe soumit, le 19 juillet, à M. le gé-

---

(1) Je devrais dire le Gouverneur général, mais la correspondance, que j'ai retrouvée, est écrite de la main de M. Mercier-Lacombe qui, naturellement, traitait, sous sa responsabilité vis-à-vis du Gouverneur, toutes les affaires civiles.

néral Pélissier, qui s'empressa de la signer, une lettre un peu vive, adressée au Ministre de la guerre, tendant à faire adopter le principe de la vente des terres.

« Dans diverses circonstances, et notamment par votre lettre du 4 de ce mois, écrivait-il à M. le général Randon, nommé depuis peu de mois ministre de la Guerre, vous avez repoussé le système des ventes par adjudication sur soumissions cachetées, que mes prédécesseurs et moi avons proposé de substituer, sur certains points et dans divers cas, aux concessions de gré à gré. Votre opinion à ce sujet paraît trop arrêtée pour que j'aie l'espérance de vous en faire adopter une autre, quant à présent; mais je crois devoir, cependant, pour éclairer une question grave, vous soumettre quelques nouvelles observations.

« Le système des concessions directes a cela de détestable qu'il fait dépendre de la préférence, j'allais dire de la faveur de l'administration, ce qui devrait être laissé à la liberté des transactions. Une personne se présente, alléchée par l'appât (bien trompeur assurément) d'une concession gratuite. Elle enfle ses ressources, fait appuyer sa demande, intrigue d'autant plus qu'elle possède moins, et finit par obtenir ce qu'un colon sérieux aurait acquis, s'il n'avait fallu pour cela qu'en payer la valeur, mais ce qu'il n'a pas voulu solliciter comme une faveur, en passant par toutes les filières, par tous les bureaux, par toutes les exigences auxquelles ces affaires sont nécessairement soumises.

« On ne sait pas assez, en général, dans les administrations, combien les formalités bureaucratiques sont odieuses aux gens pratiques, pour qui le temps est précieux parce qu'ils savent l'employer.

« Mais une considération plus puissante encore à mes yeux, est celle résultant de ce fait, que l'adjudication et la nécessité de payer immédiatement un prix quelconque sont la meilleure de toutes les garanties. L'homme qui achète et qui paie comptant est un colon sérieux, qui tirera parti lui-même ou par d'autres de ce qu'il a acquis. »

Le général Randon, ministre de la Guerre, répondit au Gouverneur général, le 29 août, que les nouvelles considérations émises dans la dépêche du 19 juillet n'avaient pas ébranlé sa conviction et qu'il persistait à penser que le système des concessions sauvegardait suffisamment les intérêts de la colonisation : « Mon opinion est, ajoutait-il, que, dans une foule de cas, l'acquéreur de terres ne cultiverait, ni bâtirait ; il attendrait ou revendrait ; en un mot, il s'établirait sur les terres incultes un agiotage qui, loin de profiter à l'agriculture, lui serait funeste. »

« Enfin, disait-il, le seul avantage qui résulterait du système des ventes, serait de débarrasser l'administration d'une foule de détails et de formalités qui lui incombent dans l'état actuel. Mais cet avantage serait trop chèrement acheté s'il devait, comme cela serait à craindre, en résulter un ralentissement des entreprises agricoles, par l'absence de tout contrôle administratif. »

C'était, précisément, ce contrôle administratif, c'est-à-dire, ces entraves, ces lenteurs que M. Mercier-Lacombe et M. le général Pélissier voulaient épargner aux colons.

Il n'était pas possible d'insister davantage en ce moment. Mais, plus tard, M. le général Randon ayant quitté le ministère, pour occuper les fonctions de Gouverneur de l'Algérie, M. Mercier-Lacombe n'eut aucune peine à lui faire partager ses convictions ; il lui fit signer, le 2 avril 1852, un rapport très motivé, proposant au Ministre de la guerre la substitution du mode de vente par adjudication publique, à celui des concessions de gré à gré.

Ainsi, le général Randon, qui avait repoussé le système des ventes, étant à Paris, en proposait l'application dès son retour à Alger. C'est qu'il était difficile de résister à l'éloquence des faits qui se produisaient sous ses yeux et aux puissantes considérations présentées avec tant de force et de netteté par un administrateur, qui alliait, à une grande expérience, un jugement très droit et une rare pénétration.

M. le général Pélissier avait la plus sincère estime pour ce caractère loyal et intelligent. J'en trouve la vive manifestation dans une lettre qu'il écrivit à M. Mercier-Lacombe le 23 décembre 1851, en quittant le gouvernement de l'Algérie pour reprendre le commandement de la province d'Oran.

« Merci, Monsieur le Secrétaire général, lui disait-il, merci pour moi et pour ma maison militaire. Mes officiers vous aiment et vous estiment comme je le fais; vos procédés si parfaits leur vont jusqu'au cœur, ils ne sortiront pas de leur souvenir (1).

---

(1) Le général venait d'éprouver un petit froissement, sans doute involontaire de la part de la personne qui le lui avait procuré. On l'avait averti au dernier moment du retour du titulaire, et comme il était obligé de se réfugier dans les étages supérieurs de l'hôtel du gouvernement, M Mercier-Lacombe avait essayé de lui épargner ce petit ennui en lui offrant son propre logement. Le général occupa les appartements un peu réduits qui lui avaient été laissés au Gouvernement; mais il n'en fut pas moins reconnaissant du procédé délicat de M. Mercier-Lacombe.

« Croyez qu'en rentrant dans l'ouest, les meilleures pensées que je donnerai à Alger, toujours seront pour vous. En écrivant au Président que vous étiez un homme complet, je ne le trompais pas, vos sentiments sont à la hauteur de votre esprit; et je vous remercie de tout cœur de la nouvelle preuve que vous venez de me donner de la noblesse de votre caractère. »

Dès ce moment, la correspondance entre le général Pélissier et M. Mercier-Lacombe devint plus intime. Je regrette de ne pouvoir donner ici toutes les lettres du général; on y trouve toujours quelques pensées délicates, qui viennent naturellement sous sa plume, et sont exprimées avec un abandon, un tact, remplis de charme. Je détache, dans le nombre, deux ou trois lettres à peu près officielles, les seules que je puisse publier et qui ne donneront, malheureusement, qu'une faible idée de ce caractère aimable et sympathique, si peu connu sous cet aspect et que lui-même, du reste, se plaisait à rembrunir quand il n'était pas dans l'intimité.

La première est du 10 mai 1852; il recommande à M. Mercier-Lacombe les sœurs Trinitaires, qui ont un conflit avec le secrétariat de l'évêché, à propos de leur aumônier. « Je me permets, lui écrivait-il, de vous recommander nos bonnes sœurs Trinitaires. Je sais fort bien que la discipline des communautés n'est pas de ma compétence; mais, comme j'appréhende fort que, mises à bout de patience, ces saintes femmes n'échappent à ces façons persécutrices en se réfugiant en France, je tremble pour nos colonies et les pauvres petites filles qui suivent leurs leçons et leurs exemples avec un si merveilleux empressement. Je les ai suppliées de prendre patience, je leur ai promis d'en parler chaudement au Préfet. Je l'ai fait; de vous en toucher deux mots, je me garderais bien d'y manquer. Maintenant, il ne me reste plus qu'à prier Dieu d'inspirer un peu plus de charité à............ et à vous serrer cordialement la main. Général Pélissier. »

Quelques jours après, il lui écrivait de nouveau en faveur des mêmes sœurs. « La supérieure, disait-il, a bien réfléchi à tous les embarras qu'on lui suscite, elle se détermine à partir ce soir pour Alger. Il est nécessaire que ces persécutions finissent, tant pour la gloire de la religion que pour la paix de la communauté. Contribuez-y de tout votre pouvoir, cher secrétaire général, vous leur rendrez un éminent service ; car elles sont en ce moment dans la triste situation du troupeau dispersé par l'orage et dont le pasteur est frappé. »

M. Mercier-Lacombe intervint auprès de l'évêque d'Alger, qui était absent au moment du conflit et qui, dès son retour, n'hésita pas à donner satisfaction « aux douces protégées du général », selon son expression : « Nos douces protégées sont revenues contentes, écrivait-il, le 23 mai, à M. Mercier-Lacombe ; elles vous rendent grâce. »

Quelques mois après, il exprimait, en termes émus, tout son chagrin de n'avoir pu se rendre à Alger au moment de l'inauguration de la statue du maréchal Bugeaud. « Certes, disait-il, j'ai eu le cœur gros de ne pouvoir assister à l'inauguration de la statue de ce grand maître dont je trouve que les élèves pullulent avec une trop facile complaisance. Je suis de ses élèves qui lui ont élevé, dès longtemps, des statues dans leur cœur et qui sont restés modestes. Je n'ai goûté que votre discours. De bon compte, ses deux élèves ne pouvaient être que vous et moi. Sans être un héros de Tacite, j'ai quelque orgueil encore de savoir que quelques personnes ont pu trouver qu'il eut dû y avoir place pour moi près de ce soldat laboureur, dont la noble charrue et le glorieux bâton brillaient à tous les yeux. » (23 août 1852.)

Vers la fin de cette année, le général Pélissier et M. Mercier-Lacombe firent partie de la députation algérienne, qui alla porter les hommages de la colonie au Prince Président, lorsqu'il vint se faire acclamer Empereur à Bordeaux et à Marseille. Le général revint ensuite à Alger, mais son ami fut retenu en France par le Président, qui désirait lui confier une préfecture. M. le général de Saint-Arnaud, alors ministre de la Guerre, avait déjà recommandé M. Mercier-Lacombe au chef de l'Etat et le lui avait signalé comme un administrateur de grand avenir.

M. Mercier-Lacombe fut nommé Préfet du Var, par un décret du 4 mars 1853.

Dès les premiers jours de son installation, le nouveau Préfet, s'adressant aux fonctionnaires placés sous ses ordres, résuma, dans une circulaire très remarquable, les besoins du département dont l'administration lui était confiée; il signala, avec une grande sûreté de jugement, les améliorations les plus souhaitables et promit de faire tout ce qui dépendrait de lui pour en obtenir la prompte réalisation.

« Ce département, disait-il, qui se trouve presque entièrement en dehors des grandes voies de communication, n'a pas toujours fixé l'attention avec l'intérêt que méritent la richesse de son sol, la variété des produits de son agriculture et sa situation privilégiée de frontière maritime et territoriale. Je mettrai mon honneur à concourir aux mesures déjà projetées, et je ne manquerai pas de prendre l'initiative de celles qui me paraîtront pouvoir se concilier avec les ressources financières de l'Etat et du département. Un emprunt qui, j'en ai l'espoir, ne tardera pas à être autorisé, nous permettra de doter nos principales voies de communication de ressources plus en rapport avec leurs besoins. Les irrigations appelleront aussi toute ma sollicitude. L'agrandissement de Toulon, le chemin de fer qui va relier ce grand port avec Marseille et Paris, le projet de prolongement de la voie ferrée jusqu'à la frontière de l'Italie, telles sont les questions que j'indique parmi celles, bien plus nombreuses, qui fixeront mon attention.

« Au reste, ajoutait-il, la porte de mon cabinet sera toujours ouverte à mes administrés; grands et petits pourront venir avec la certitude de faire accepter toute idée juste en pratique, et de trouver un cœur ardent pour la féconder (1). »

Ce programme fut fidèlement exécuté. — M. Mercier-Lacombe, s'appuyant sur le Conseil général, dont il avait su acquérir l'estime et la confiance, parvint, en quelques années, à modifier profondément la viabilité du département. Dix-neuf chemins de grande communication furent

---

(1) Circulaire du 24 mars 1853, insérée dans le *Recueil des actes administratifs du département du Var*. T. 33, p. 97.

ouverts ; les fonds affectés à l'entretien des anciennes voies furent portés de 150 à 200,000 fr. De nombreux chemins vicinaux, ruraux ou d'intérêt commun, vinrent accroître les moyens de communication qui manquaient presque entièrement dans certains cantons. Les grands propriétaires s'associèrent aux efforts tentés par le Préfet pour améliorer les routes. Quelques-uns d'entre eux firent des avances considérables à la caisse des chemins vicinaux ; d'autres contribuèrent directement à la dépense. C'est ainsi que, grâce à une somme de 15,000 fr. généreusement offerte par M. Martin d'Astros, le pont de Vidauban, dont l'établissement était ajourné depuis longtemps, put enfin être construit (1).

Le chemin de fer de Marseille à Toulon, promptement achevé, fut prolongé jusqu'à Nice, et la ville de Draguignan eut un embranchement, malgré les hésitations de la compagnie, à laquelle il fut imposé par le Gouvernement.

Cet embranchement, qui avait une si grande importance pour l'avenir du chef-lieu, était dû aux instances de M. Mercier-Lacombe, et les Draguignanais s'en montrèrent reconnaissants. Mais rien ne les toucha autant que les démarches qu'il fit, en 1857, pour obtenir le maintien de la préfecture à Draguignan. Une ovation, sans exemple

---

(1) La dépense totale s'éleva à 81,000 fr., que M Mercier-Lacombe réunit, non, sans peine en s'adressant à l'Etat, à la commune de Vidauban et au dévouement des propriétaires du canton. L'Etat fournit 28,000 fr., la commune 10,000 fr., M. D'Astros 15,000 fr. et le département 8,000 fr. Le surplus fut obtenu en mettant en adjudication le droit de péage, qui produisit 20,000 fr.

dans les annales du département (1), fut spontanément organisée quand il revint de Paris, où il avait soutenu leur cause auprès de l'Empereur. Le journal le *Var* en rendit compte, en ces termes, dans son numéro du 30 avril :

« Dès quatre heures du soir, nos rues présentaient un aspect inaccoutumé, dont l'animation surpassait même celle qu'on remarque durant nos jours de fêtes. Les champs, les fabriques, les magasins, les bureaux avaient été désertés, et cultivateurs, ouvriers, artisans, bourgeois sortant des maisons, circulaient à travers la ville et gagnaient, par toutes les avenues, l'extrémité de l'Esplanade pour où devait arriver M. le Préfet. — C'était la reconnaissance publique, générale, universelle, qui faisait spontanément irruption. — Toute la ville était là, hommes et femmes, vieillards et enfants, jeunes et hommes murs. »

Le maire de Draguignan, à la tête du Conseil municipal, reçut M. Mercier-Lacombe et lui adressa les paroles suivantes :

---

(1) On cite cependant une manifestation beaucoup plus bruyante qui eut lieu à Toulon, en 1848, quand M. Emile Olivier s'y rendit pour exciter l'enthousiasme républicain des habitants. Ce fut un entraînement indescriptible. On détela sa voiture, on le porta en triomphe... Les flots sont changeants. Aujourd'hui peut être serait-il hué s'il s'y présentait. — Disons aussi que les Draguignanais, ou plutôt le Conseil municipal, a vite oublié les services rendus au chef-lieu par M Mercier-Lacombe. Son nom, autrefois acclamé avec tant de reconnaissance, a été effacé des murs de la ville qui lui doit incontestablement le maintien du siège de la préfecture, et qu'il embellit, par des travaux d'utilité publique que les autres arrondissements trouvaient exagérés.

« Monsieur le Préfet,

« Le Conseil municipal et notre ville entière attendaient avec impatience le moment de votre retour, pour vous dire tout ce qu'ils éprouvent.

« Depuis quatre années, vous avez montré ici ce que peuvent, dans un administrateur éminent, l'activité, la puissance du travail, l'amour du bien public. Soit que vous prépariez et accomplissiez ces réformes qui renouvellent la face de notre département; ou que, dans l'enceinte de nos villes ou dans nos campagnes, vous nous ouvriez des sources inconnues de prospérité et de richesse, toujours et partout, un même sentiment vous anime; et ce sera pour vous un éternel honneur d'avoir contribué ici, plus que personne, à rendre le peuple heureux, à lui faire aimer l'ordre, le travail, et bénir le règne de Napoléon III.

« Mais de toutes nos villes, il n'en est pas qui vous soit plus redevable que la nôtre. Que n'avez-vous pas fait pour elle? Tout récemment encore, notre avenir semblait menacé dans ses intérêts les plus sérieux.

« Vous avez vu l'Empereur, vous lui avez dit nos inquiétudes.

« L'Empereur est juste, nous espérons en lui.

« Pour vous, Monsieur le Préfet, vous avez mis ainsi le comble à tout ce que vous devait votre chef-lieu. Nous vous en prions, daignez agréer l'hommage respectueux de notre reconnaissance et de notre dévouement. »

Ces paroles furent littéralement acclamées par toute la population, qui d'ailleurs éprouvait une réelle sympathie pour M. Mercier-Lacombe. Elle savait qu'il était constamment préoccupé des intérêts du département, qu'il s'y dévouait d'une manière absolue, ne quittant la préfecture que pour visiter les villages et les campagnes, et pour s'assurer par lui-même de l'état des routes et des chemins. D'un aspect réservé et même un peu froid, mais qui s'animait avec bienveillance et se fondait en quelque sorte dans un affectueux accueil quand on avait besoin de lui, il était accessible à tous, parlant volontiers avec les cultivateurs dont il aimait la vie et les travaux.

M. Mercier-Lacombe leur donna une nouvelle preuve de l'intérêt qu'il leur portait, en instituant des primes en faveur de la vieillesse agricole. Il distribua solennellement, le 25 août 1858, à Draguignan, des diplômes d'honneur et une somme d'argent, aux laboureurs les plus méritants des divers arrondissements du Var. Avant de procéder à la remise des récompenses, il rappela, dans un discours très applaudi, l'origine et le but de cette utile institution.

« Pourquoi cette réunion choisie, disait-il, pourquoi cette foule empressée, pourquoi cet éclat, pourquoi les accords de cette musique ? Pourquoi ? C'est pour honorer en vous trois choses dignes de tous les respects : L'Agriculture.— La Vieillesse.— La Vertu.

« Vous avez traversé de longues années en vous livrant au travail le plus louable, en élevant vos enfants dans les mêmes principes que vous aviez reçus, afin d'en faire de bons cultivateurs comme vous, voilà pourquoi nous venons vous rendre hommage et vous décerner des récompenses.

« Vous comprenez notre but, vous êtes heureux d'avoir été choisis parmi les plus dignes! Oui, je vois un rayon de bonheur éclairer vos figures

« Il faut cependant que je vous dise en quelques mots comment est née cette institution, qui amène ici, pour la seconde fois, les plus dignes agriculteurs de l'arrondissement de Draguignan, pendant que ceux des autres parties du département reçoivent leurs récompenses dans les trois autres chefs-lieux d'arrondissement.

« En 1848, au mois d'avril, le gouvernement provisoire prescrivit dans tous les cantons, sous la présidence du juge de paix, une assemblée générale, où se trouvèrent les personnes les plus éclairées, pour discuter et élucider diverses questions d'intérêt public et social. Les questions posées étaient au nombre de 29. (J'aperçois d'ici M. le Juge de paix du canton de Draguignan qui se souvient probablement de cette circonstance.) Or, la 29me question était celle-ci : *Quel serait le meilleur moyen à prendre pour retenir, dans les campagnes, les cultivateurs qui émigrent dans les grands centres ?*

« Il y a certainement beaucoup de moyens pour porter remède à ce mal social ; un seul ne suffit pas ; mais il ne faut en négliger aucun ; je crus devoir en proposer un, et celui que j'indiquai alors est précisément celui qui a donné lieu à l'institution que j'ai fondée depuis, et qui vous réunit ici aujourd'hui.

« Après m'être concerté avec un homme de bien, M. le baron de Damas, qui fondait de son côté, à cette époque, l'œuvre admirable du *Prêt d'honneur,* je dis à l'assemblée du canton d'Hautefort : « Que les vieux agriculteurs soient

« honorés, qu'ils reçoivent les soins et les égards que mé-
« rite leur grand âge, et leurs enfants n'étant plus frappés
« du spectacle déplorable du délaissement et de la misère
« qui les attendrait à leur tour, ne quitteront plus en si
« grand nombre la ferme et la charrue. »

« Il m'a fallu longtemps pour donner à cette idée une réalisation pratique, mais j'ai pu y parvenir dans ce beau département, grâce au concours du Conseil général, des communes et de quelques particuliers dont la sympathie m'a suivi dans cette voie.

« Quant au Conseil général, ce n'est pas seulement la majorité, mais l'unanimité qui a accueilli mon projet.

« En 1856, cette institution a donc été créée. En 1857, nous avons pu distribuer 102 primes, et cette année nous allons en répartir plus de 150 ;—enfin, l'année prochaine, nous atteindrons peut être le chiffre de 200. Viendra le jour, j'en forme le vœu ardent, où tous les vieux agriculteurs de l'Empire, parvenus comme vous à l'âge où les bras ne suffisent plus au travail, recevront la même récompense.

« J'en ai assez dit. Nous allons vous récompenser, car ce n'est pas une œuvre de charité que nous faisons, — ce mot serait mal placé ici, — c'est une juste et honorable rémunération que nous décernons : les vieux soldats qui ont bien servi leur pays ont une retraite ; vous, vieux soldats de l'agriculture, vous allez recevoir la vôtre ! »

L'institution des primes à la vieillesse agricole reçut une plus grande extension en 1859, et tout faisait espérer qu'elle aurait un avenir fécond en bons résultats ; mais M. Mercier-Lacombe fut appelé dans un autre département et son œuvre, trop jeune encore pour vivre sans l'attache officielle, périt sous l'administration de M. le marquis de Fleury, son successeur.

Cependant cette institution avait été accueillie avec une grande sympathie dans tout le département, et lorsque l'on apprit que M. Mercier-Lacombe quittait le Var, la presse fut unanime pour signaler avec éloge les services que les primes à la vieillesse agricole étaient appelées à rendre. « Honorer à la fois la vieillesse et la fidélité au travail, disait le rédacteur en chef du *Toulonnais*, le 12 juin 1860; relever à ses propres yeux et dans l'opinion publique les modestes ouvriers de la première de toutes les industries, créer, pour ainsi dire, des titres de noblesse qui se perpétueront dans le foyer domestique, et dont on parlera souvent dans les heures de longue veillée; quelle noble pensée... Quelle magnifique réalisation! »

M. Mercier-Lacombe, qui avait été nommé Préfet de la Vienne, le 7 juin, fit ses adieux aux habitants du Var le 14, et se rendit immédiatement après à son nouveau poste.

Le Ministre de l'Intérieur, en confiant l'administration du département de la Vienne à M. Mercier-Lacombe, l'avait nommé Préfet de 2me classe. D'ailleurs ce déplacement le rapprochait de Périgueux, où résidait sa mère; il l'avait donc accepté sans hésitation. Cependant, il ne pouvait s'empêcher de regretter le Var et les amis qu'il y avait laissés. Deux mois après son arrivée à Poitiers, il écrivait les lignes suivantes, dans lesquelles on sent qu'il n'est pas complètement acclimaté : comme toutes les personnes qui ont longtemps vécu en Afrique ou en Provence, il avait la nostalgie du soleil : « L'ennui m'avait d'abord un peu gagné dans ce pays, où la lumière manque d'intensité pour des yeux accoutumés aux horizons du midi, mais le travail du Conseil général et quelques projets de travaux importants m'ont rendu à moi-même. Puis, le voisinage de mon cher Périgord est chose si précieuse! En partant par le train du matin, je vais déjeûner à Périgueux. » Mais sa pensée le ramène vite à Draguignan et à Cannes, où il faisait construire une villa : « M. Barbe m'écrit que ma bastide s'élève rapidement. J'irai la voir au mois de novembre. C'est un plaisir d'y songer, parce que j'y trouverai l'occasion de serrer quelques mains amies, la vôtre surtout. »

Il vint, en effet, dans le Var, vers la fin du mois de novembre; mais, dès le lendemain de son arrivée à Cannes, une dépêche le rappelait à Paris : « Une dépêche télégraphique, écrivait il le 4 décembre, m'a rappelé à Paris; je n'ai guère passé qu'un jour à Cannes. J'arrive un peu fatigué de corps et d'esprit, car je suis tiraillé en sens contraire, d'un côté, par le désir de ne pas désobliger mes amis du pouvoir, qui croient que je puis être utile en Algérie; de l'autre, par la crainte de causer de la peine à ma mère et par certain besoin de repos. Mais si, définitivement, l'organisation est telle que je l'ai conseillée en ce qui concerne deux points essentiels, il ne me sera pas possible de décliner l'honneur qu'on veut me faire. Dans le cas contraire, je serai dégagé de toute obligation et je rentrerai joyeux à Poitiers. »

Dans cette lettre écrite avec le plus complet abandon à son ancien secrétaire, qui occupait une très modeste position dans le Var, M. Mercier-Lacombe se révèle tel qu'il est; c'est bien là ce fils dévoué, ce fonctionnaire austère, ce noble caractère que M. le maréchal Pélissier s'honorait d'avoir pour ami. On lui offre une haute situation en Algérie, avec un traitement de 60,000 fr. et le titre de conseiller d'Etat; il reverra son beau soleil d'Afrique qu'il aime tant ! Quelle séduisante perspective! et cependant il hésite, il songe à sa mère qu'il faudra quitter, et il se demande si ce sacrifice sera compensé par le bien qu'il voudrait faire. Il craint que la nouvelle organisation civile en Algérie ne lui laisse pas toute l'initiative dont il a besoin, pour favoriser le développement de la colonisation.

Il ne dit pas, dans sa lettre, quels sont les deux points essentiels qu'il a signalés, mais je suppose qu'il désirait surtout voir affranchir le gouverneur de l'Algérie de la tutelle des bureaux du ministère de la Guerre. Il dut demander, en outre, la réunion de la préfecture d'Alger à la direction générale des affaires civiles, par assimilation avec ce qui se pratique en France, à l'égard des arrondissements chefs-lieux, qui sont directement administrés par le Préfet.

Ces deux dispositions furent sanctionnées : 1° par l'art. 2 du décret de réorganisation du 10 décembre, portant : « que le gouverneur général rend compte directement à l'Empereur de la situation politique et administrative du pays »; 2° par un autre décret du 12 décembre lui confiant tout à la fois la direction générale des affaires civiles de l'Algérie et l'administration du département d'Alger.

Le journal l'*Akhbar* annonça cette nomination dans les termes les plus flatteurs pour M. Mercier-Lacombe. Je transcris ci-après cet article, qui fait connaître le programme de colonisation attribué au nouveau directeur général, et qui était bien celui qu'il se proposait d'adopter:

« Le décret du 12 décembre, dont le courrier de ce jour nous apporte le texte, complète les dispositions déjà édictées sur l'organisation administrative de l'Algérie.

« Nous réservant d'apprécier, en pleine connaissance de cause, l'ensemble de ces dispositions, qui décident de l'avenir de la colonie, nous ne voulons, pour le moment, que signaler celle relative à la nomination de M. Mercier-Lacombe, directeur général des services civils de l'Algérie, sous le gouverneur général, et chargé d'administrer le département d'Alger.

« Cette accumulation de pouvoirs sur la tête d'un seul homme, cette importante mesure qui réunit entre ses mains la direction générale des services civils de l'Algérie et l'administration du premier de nos départements, peut s'expliquer par l'exemple de ce qui existe à Lyon et à Marseille; mais elle s'explique bien mieux encore, et d'une manière bien plus satisfaisante, par le choix de l'homme que la confiance de l'Empereur, sur la demande de M le duc de Malakoff, gouverneur général, a appelé à ces éminentes fonctions.

« M. Mercier-Lacombe date de loin dans les annales de l'Algérie. Ses débuts remontent au gouvernement de l'illustre maréchal Bugeaud, dont on a dit qu'il était l'élève favori et qui le tenait en haute estime. Secrétaire général de la direction de l'Intérieur sous M. le comte Guyot, plus tard, directeur et préfet d'Oran, puis secrétaire général du Gouvernement, position qu'il a quittée pour la préfecture du Var, et enfin préfet de la Vienne, M. Mercier-Lacombe appartient à l'Algérie par tous ses précédents administratifs, par toutes ses préoccupations, par toutes ses études, par toutes ses sympathies.

« C'était, on peut le dire, l'homme de la situation.

« En 1856 et à propos d'un travail très remarquable, publié dans le *Journal du Var*, nous rendions compte ici des idées de M Mercier-Lacombe, sur la question de la colonisation algérienne.

« Ces idées aussi sages que pratiques et qui ont singulièrement devancé l'avenir, nos vieux Algériens les connaissent, et savent parfaitement à qui ils auront à faire. C'est pour ceux qui ne les connaissent pas que nous croyons devoir en parler brièvement.

« A une époque déjà ancienne, M. Mercier-Lacombe écrivait :

« Si je n'ai pas de système, j'ai des principes. Ceux que
« j'applique à la colonisation de l'Algérie sont les suivants :

« 1° La colonisation, en Afrique, est avant tout une
« question de travaux publics. Aujourd'hui que la condi-
« tion première de l'opération, la sécurité, est obtenue,
« ouvrir des routes qui mettent la terre à la portée des co-
« lons, doit être l'objet essentiel des préoccupations de
« l'administration et le meilleur emploi de ses ressources.

« 2° Les indigènes doivent être resserrés. Le Gouver-
« nement doit faciliter le placement des colons en rendant
« disponibles les espaces actuellement détenus sans utilité
« par les Arabes. Le moyen pratique et pacifique, c'est la
« constitution de la propriété individuelle parmi les indi-
« gènes. Mille hectares de terre possédés, à titre plus ou

« moins précaire, par une tribu de dix tentes, peuvent
« constituer dix propriétés individuelles très satisfaisantes
« pour les dix familles et laisser cinq ou six cents hectares
« à la disposition de l'Etat, qui les vendra aux colons.

« 3° Cette vente des terres est encore un de mes prin-
« cipes. J'ai rompu bien des lances sans pouvoir le faire
« adopter; cependant on y viendra.

« 4° Enfin, l'Etat ne doit pas coloniser directement,
« mais créer les conditions nécessaires à la colonisation.

« Tels sont mes principes généraux. Je ne repousse
« rien, je n'admets rien d'une manière absolue. »

« M. Mercier-Lacombe, ajoutait l'auteur de cet article, reconnaissait la nécessité de constituer en Algérie une autorité réelle et un gouvernement indépendant. Il était d'avis que nul fonctionnaire, quelque habile qu'il fut, ne saurait jamais les vrais intérêts de nos possessions d'Afrique, s'il n'avait administré en Algérie.

« Aussi les idées qu'il avait semées dans le temps ont fructifié. L'œuvre qu'il va exécuter, il l'avait conseillée et préparée. Quoique datant de loin, ses opinions ont un caractère d'actualité saisissant. Il faut dire que les évènements ont pris soin de les justifier et de les remettre en mémoire.

« L'avènement de M. Mercier-Lacombe à la direction générale des services civils de l'Algérie sera accueillie avec une faveur universelle. Toutes les sympathies de notre population attendent l'homme privé dont le caractère honorablement connu, dont le masque de froideur cache un cœur chaud et une inépuisable bienveillance; elles salueront l'administrateur qui a fait ses preuves de capacité, d'activité infatigable et de dévouement à la cause de l'Algérie »

Pour décider M. Mercier-Lacombe à quitter le Périgord, et à accepter la position de directeur général des affaires civiles, l'Empereur avait non seulement approuvé l'organisation proposée par lui et combattue par le ministre de la Guerre, mais encore il lui avait promis le titre de conseiller d'Etat en service ordinaire, détaché en Algérie (1). Mais il n'y avait pas de vacance en ce moment, et, quand il s'en présenta une, l'Empereur se vit obligé de dégager sa parole pour donner satisfaction à des sollicitations pressantes de son entourage. Il lui fit connaître son embarras et lui offrit le titre de conseiller d'Etat en service extraordinaire, s'engageant par écrit à le faire entrer au conseil (2), quand il voudrait revenir en France. Voici cette lettre autographe que M. Mercier-Lacombe conserva discrètement en portefeuille, sans vouloir en faire usage, lorsque les événements le forcèrent à quitter l'Algérie.

« *Palais des Tuileries, le 4 février 1861.*

« Mon cher Monsieur Mercier-Lacombe,

« Je vous ai promis de vous nommer conseiller d'Etat. Je suis prêt à remplir ma promesse, mais comme j'ai

---

(1) L'Empereur tenait beaucoup à confier le gouvernement général de l'Algérie à M. le duc de Malakoff et celui-ci mettait pour condition à son acceptation d'avoir auprès de lui M. Mercier-Lacombe.

(2) Les conseillers d'Etat en service extraordinaire ne sont pas compris dans les cadres et ne peuvent entrer au conseil qu'en vertu d'une nomination spéciale et seulement lorsqu'une vacance se produit.

aussi d'autres engagements et que, par le fait, vous ne pourriez pas siéger au conseil, je préférerais beaucoup laisser les choses dans l'état actuel, tout en vous donnant l'assurance de vous nommer conseiller d'Etat, en service ordinaire, du jour où des circonstances indépendantes de ma volonté vous forceraient à quitter vos fonctions en Algérie.

« Je vous renouvelle l'assurance de mes sentiments distingués.

« Napoléon. »

M. Mercier-Lacombe avait dit bien souvent, il avait écrit que la colonisation était surtout une question de travaux publics. Il pensait, avec tous les économistes, que, pour encourager la culture des terres, il fallait favoriser la vente des produits agricoles, et que l'un des moyens les plus sûrs d'atteindre ce but était incontestablement la facilité des communications. Déjà, dans le département du Var, il avait appliqué ce principe et en avait obtenu les meilleurs résultats. Il résolut donc, en prenant la direction des affaires civiles de l'Algérie, de ne rien négliger pour augmenter, dans une large mesure, le nombre beaucoup trop restreint des routes et des chemins construits jusqu'à ce jour, et qui, disséminés dans une immense étendue de pays, étaient loin de suffire aux besoins de la colonisation.

Mais avant tout, il fallait rechercher les ressources nécessaires pour exécuter ces grands travaux, et il donna tous ses soins à l'établissement du budget colonial. Il se disposa ensuite à aller soutenir ses propositions dans le sein du Conseil d'État et à la Chambre des députés.

Ce fut à cette époque, et un peu avant son départ pour Paris, que M. Mercier-Lacombe réalisa un projet qui lui tenait au cœur, et qui devait apporter, dans son intérieur, les joies de la famille dont il était privé depuis qu'il avait quitté sa mère. Il épousa, le 25 mai 1861, Mlle Henriette Bell, fille du consul général d'Angleterre.

M. Mercier-Lacombe avait connu à Oran la famille de M. et de Mme Bell. Cette famille, qui l'avait accueilli avec beaucoup de sympathie, était venue ensuite résider à Alger, en 1850, pendant qu'il y remplissait les fonctions de secrétaire général du Gouvernement, et actuellement, après un assez long séjour en France, pendant lequel leurs bonnes relations s'étaient continuées par correspondance, ils se retrouvaient réunis de nouveau à Alger.

M. Mercier-Lacombe fut heureux et fier de s'unir à cette famille si honorable, si bonne et si distinguée. Lorsqu'il revit Mlle Henriette Bell, le caractère sérieux, les précieuses qualités de la jeune fille le décidèrent à faire sa demande, qui ne fut point repoussée. Mgr Pavy, évêque d'Alger, qui bénit leur union en fit ressortir toutes les convenances dans un discours rempli de tact et d'affectueuse bonté. S'adressant alternativement à chacun des époux, il s'exprima ainsi :

« Vous, Monsieur le Directeur Général, vous apportez à votre jeune épouse un nom partout honoré, une haute intelligence, fécondée par un labeur incessant, un caractère dont l'inflexible droiture se rehausse de l'aménité que donne l'amour du bien ; une éminente position, pour vous, récompense d'éclatants services, pour l'Algérie, motif des plus belles espérances ; des affections illustres qui suffiraient à l'honneur d'une vie, et, dans un ordre moins élevé, des amitiés demeurées constamment fidèles.

« En échange de si beaux présents, Mademoiselle, vous offrez à votre époux le nom et la présence d'un père et d'une mère acclimatés au milieu de nous, plus encore par le respect et l'estime de tous, que par le long exercice de la dignité consulaire, une maturité de raison qui pare votre âge en le dépassant, une simplicité de modestie ingénue et réfléchie, qui serait l'effort le plus habile de la sagesse, s'il n'était l'heureux instinct de la vertu, et j'ajoute : un goût naturel de la vérité, qui vous rend digne de la connaître toujours sous toutes les faces nécessaires au bonheur et à la sanctification de la vie. »

Après avoir passé quelques jours dans la ravissante villa du gouvernement, située à Mustapha, M. Mercier-Lacombe conduisit sa femme en France, pour la présenter à sa mère. Mme Mercier-Lacombe fut heureuse de constater que son fils n'avait rien exagéré en lui parlant, dans ses lettres, des qualités de cœur et d'esprit de sa gracieuse compagne. Du reste cette mère excellente et cette jeune femme devaient sympathiser dès leur première entrevue.

Mais il fallut bientôt se séparer. Les deux époux se rendirent à Paris, où M. Mercier-Lacombe était attendu pour fournir des renseignements sur le budget de l'Algérie.

Chargé par le Gouvernement de soutenir ce budget devant le Corps législatif, le Directeur général fit un exposé très précis, très exact, de la situation de l'Algérie, de ses ressources et de ses besoins. Répondant à une question posée par l'honorable M. Randorng, il fit connaître que la colonie était en mesure d'exporter, chaque année, deux millions d'hectolitres de grains; que la culture du coton, introduite depuis peu de temps en Algérie, avait produit pendant l'année écoulée, 124,000 kilogrammes, et que la récolte du tabac avait été achetée six millions de francs par la Régie.

Interpellé par un député au sujet du régime de la presse, il répondit : « Depuis six mois, depuis l'organisation nouvelle du gouvernement, il n'a pas été donné un seul avertissement officiel ou officieux à un journal. Cependant il y a beaucoup de journaux en Algérie, il y en a dans chaque province, mais ils ont le bon sens de comprendre que ce qui intéresse le plus l'Algérie, c'est l'Algérie elle-même, et ils ne s'occupent pas principalement des questions politiques »

Enfin ayant fait connaître que le budget de l'Algérie se soldait par un excédent de recettes de 6,053,000 francs (recettes 23,708,000 fr., dépenses : 17,645,000 fr.), plusieurs députés de la gauche lui firent remarquer que, dans ces chiffres, ne figuraient pas les dépenses de l'armée. Sa réponse, remplie d'à propos et de patriotisme, fut vivement applaudie. « L'Afrique, dit-il, n'a pas la prétention de payer son armée, mais je crois que si elle payait son armée, elle payerait pour la France, car il me semble que cette armée a assez fait pour la France, pour que celle-ci considère une telle charge comme légère. »

Dès son retour à Alger, et pendant les trois années de son administration, M. Mercier-Lacombe n'eut plus qu'une pensée, qu'une seule ambition, faire prospérer la colonie. Ses attributions étaient très étendues; elles avaient été ainsi définies par un décret impérial du 14 mars 1861.

« Art. 1er. — Le Directeur général des services civils en Algérie exerce, sous l'autorité du gouverneur général et en son nom, la haute direction de l'administration civile.

« Il propose et soumet au gouverneur général, toutes les mesures qui intéressent la colonisation, l'agriculture et les travaux publics.

« Art. 2. — Il prend les ordres du gouverneur général sur la correspondance administrative et les propositions, intéressant les affaires civiles, des généraux divisionnaires, des préfets et des chefs de service, qui correspondent directement avec le Gouverneur général.

« Art. 3 — Il statue sur ceux des objets compris dans les attributions du Gouverneur général, que ce dernier juge à propos de lui déléguer : il signe, par délégation, toute la correspondance administrative que le Gouverneur général ne s'est pas réservée. »

Il n'est pas possible de suivre, mois par mois, année par année, les progrès successifs accomplis, dans la colonie, pendant l'administration de M. Mercier-Lacombe; mais nous pouvons en connaître les résultats, en lisant les comptes rendus, les statistiques qui furent publiées en 1864, au moment où la direction générale allait être supprimée.

Travaux publics. Il avait été dépensé, en travaux publics, de 1861 à 1863 inclusivement, plus de 20 millions de francs, répartis ainsi qu'il suit :

Voies de communication	11,572,260
Dessèchements et irrigations	2,117,403
Ports et fanaux	7,455,405
Total	21,145,068

Colonisation. Neuf centres de population avaient été créés, dont 2, dans la province d'Alger; 4, dans celle d'Oran et 3 dans celle de Constantine. Les études de dix autres villages étaient terminées.

Agriculture. Indépendamment des grains consommés en Algérie, il en avait été exporté, en 1863, pour une valeur totale de 4,029,000 fr. alors qu'en 1861, le chiffre d'exportations ne s'était élevé qu'à 2,776,000 francs. — La production du coton avait été portée de 524,000 kilog. à 1,844,000 kilog.

Commerce général. La valeur des marchandises exportées, qui avait été de 8,300,000 fr. en 1861, avait atteint le chiffre de 15,328,000 fr. en 1863.

Instruction publique. Il avait été ouvert de 1861 à 1863, inclusivement, 84 écoles primaires, et le chiffre des enfants fréquentant ces écoles dans toute l'Algérie, s'était accru de 7,000.

Tels étaient les principaux progrès signalés au commencement de l'année 1864, qui vit mourir le maréchal duc de Malakoff et réorganiser, une vingtième fois, les services civils de l'Algérie.

Le maréchal Pélissier mourut le 22 mai, à 2 heures de

l'après-midi. M. le général de Martimprey, sous-gouverneur, annonça cette douloureuse nouvelle à la population et à l'armée de l'Algérie, par une proclamation que M. Mercier-Lacombe transmit aussitôt aux fonctionnaires placés sous ses ordres :

« Messieurs, leur disait-il, la proclamation que j'ai l'honneur de vous transmettre vous fera connaître, en termes profondément sympathiques, l'événement auquel mon dernier bulletin télégraphique ne vous avait que trop préparés : notre Maréchal n'est plus !...

« Je n'ai ni la volonté, ni la force de vous retracer les derniers moments de cet homme illustre, nature héroïque et saine dont la mort n'a eu raison qu'après une lutte acharnée, et en le prenant d'assaut, pour ainsi dire, comme il avait enlevé Lagouath et Malakoff.

« Encore moins vous dirai-je mes regrets, moi qui, à quinze ans d'intervalle, ai partagé avec l'Algérie la douleur de la perte de deux amis : le duc d'Isly et le duc de Malakoff »

La presse fut unanime pour rendre hommage à la mémoire de ce brave maréchal, de cet homme de cœur, si dévoué aux intérêts de l'Algérie. Le journal l'*Alkhbar* publia, le lendemain de sa mort, un remarquable article nécrologique, dont j'extrais les passages suivants :

« Le Gouverneur général est mort, l'Algérie tout entière est en deuil.

« Nous avons perdu le protecteur de la colonisation, l'homme qui avait le mieux compris ce que doit devenir l'Afrique, sous le drapeau, sous la direction de la France.

. . . .

« Ce qu'il a fait pour nous, pour la colonisation, pour la civilisation, nous voulons le rappeler en peu de mots:

« Chargé, par intérim, en 1852, du gouvernement général, il a préservé la ville et la colonie de toutes les mesures de répression violente. Au moment où tant d'autres croyaient ne pouvoir mieux saluer l'avénement de l'Empereur, que par l'emploi des mesures de rigueur, le général Pélissier résistait à la pression qu'on voulait exercer sur lui. Aux listes de proscriptions qu'on lui présentait à signer, et sur lesquelles figuraient les plus honorables habitants de la ville, il disait qu'un seul nom manquait, et que ce nom c'était le sien.

« Il a fondé en Algérie la liberté commerciale, il a introduit la publicité des délibérations municipales..... mais ce que nous devons le moins oublier, sous peine d'ingratitude personnelle, c'est ce qu'il a fait pour la presse coloniale.... »

Il revient une part de ces éloges à M. Mercier-Lacombe, qui était auprès du général Pélissier en 1851, au moment du coup d'Etat, et qui alors, comme pendant les trois années de son gouvernement, avait été associé à tous ses actes administratifs et politiques. Le Gouverneur général n'était pas homme à se laisser diriger, mais il recevait avec confiance, avec sympathie, les inspirations de son ami le plus dévoué.

Après la mort du maréchal Pélissier, le Ministre de la guerre proposa à l'Empereur de modifier de nouveau l'organisation du gouvernement de l'Algérie, et le 25 juillet un décret, qui fut assez mal accueilli par la presse, supprima la direction générale des services civils, et replaça la colonie sous le régime militaire.

M. Mercier-Lacombe dut rentrer en France. Il fut nommé, le 11 septembre 1864, Préfet de la Loire Inférieure.

En apprenant le départ de M. Mercier-Lacombe, un des journaux les mieux renseignés sur les questions coloniales, le *Toulonnais*, résuma dans un article très élogieux les principaux actes de son administration.— Voici cet article qui parut le 15 septembre, sous la signature du directeur du journal, M. Aurel, mais qui évidemment avait été inspiré par une correspondance algérienne.

« L'administration des services civils, instituée par le décret du mois de novembre 1860, avait fonctionné pendant trois ans et demi sous l'habile et conciliante direction de M. Mercier-Lacombe, dépositaire et exécuteur convaincu de la pensée vraiment libérale et colonisatrice du maréchal Pélissier. Voyons ce que M. Mercier-Lacombe a fait pendant la trop courte période de son administration.

« L'une des formes les plus fécondes de l'association et de la mutualité a été vivement encouragée et patronnée par la direction des services civils.— Les société de prévoyance et de secours mutuels se sont multipliées en Algérie au-delà de toute espérance ; elles prospèrent et se développent sous sa féconde et durable impulsion.

« Les travaux publics ont été entrepris partout sur une grande échelle.—Le boulevard de l'Impératrice, à Alger, les travaux des ports, à Alger, à Philippeville et à Oran, l'achèvement du rail-ways d'Alger à Blidah, la concession du réseau des chemins de fer algérien à la puissante compagnie de Paris-Lyon à la Méditerranée, le percement de la route du Chebet-el-Agra, ont été des actes féconds pour un avenir prochain, ou entièrement réalisé.

« Le maréchal Pélissier avait, sur les instances de M. Mercier-Lacombe, sollicité du gouvernement la suppression du droit de tonnage. — La loi votée le 7 mai 1863 en a accordé la notable réduction.

« Préoccupé de la nécessité de favoriser la circulation des marchandises et des voyageurs, l'éminent administrateur a supprimé l'assujétissante formalité du passeport, et obtenu des Messageries impériales, avec lesquelles le gouvernement était cependant lié par un traité, une notable réduction sur les prix de transport des marchandises.

« L'on a pas oublié l'utile publicité accordée aux délibérations des conseils municipaux et des conseils généraux des trois provinces. Le compte-rendu des travaux de ces corps non élus a cependant fourni des enseignements d'une haute portée. C'est grâce à la publication dans les journaux que l'on a connu les résolutions du Conseil général d'Oran, et l'inqualifiable opposition du général commandant de la province aux études de barrages, à la liberté des transactions commerciales, à la perception de l'impôt arabe par les agents du Trésor, vainement réclamés par l'élément civil et civilisateur.

« Non-seulement la plus large publicité a été accordée aux délibérations des conseils des provinces et des villes, mais encore les ressources de toute espèce de notre belle colonie ont été révélées au public dans une série de documents embrassant l'agriculture, le commerce, la statistique de l'Algérie.

« Soucieux de l'avenir agricole de la colonie, M. Mercier-Lacombe avait, dès le 6 septembre 1861, provoqué de la part de M. le gouverneur général un arrêté qui instituait tous les ans, en Algérie, une exposition générale des produits de l'agriculture et des différentes industries agricoles.

« Les expositions qui, en vertu de ce décret, ont eu lieu en 1862, 1863 et 1864, ont produit une vive émulation, révélé des aptitudes remarquables, des produits magnifiques, et donné les résultats qu'on en attendait.

« L'exposition universelle de Londres en 1862 a été un véritable triomphe pour l'Algérie.

« Le nombre des exposants Algériens était de 745, et celui des récompenses obtenues s'est élevé à 265.

« Ce nombre est proportionnellement supérieur à celui des récompenses décernées aux produits des colonies anglaises.

« Le *Times* du 7 juin 1862 s'exprimait en ces termes :

« La collection des produits de l'Algérie est si complète
« et si variée qu'on ne peut s'empêcher de penser que le
« gouvernement a voulu convaincre ces Français obstinés,
« qui doutent encore de la valeur d'une telle possession. »

« Enfin l'exposition franco-espagnole qui a lieu en ce moment à Bayonne et qui a été encore si féconde pour les produits algériens encouragés à y figurer par le directeur des services civils, vient témoigner une fois de plus de la confiance qu'avait M. Mercier-Lacombe dans la faculté créatrice de nos colons, et dans les féconds résultats de la publicité et de la liberté. »

« L'adjudication des terres à coton de l'Habra est l'œuvre capitale de M. Mercier-Lacombe, elle est son principal titre de gloire.

« Cette adjudication a eu lieu, malgré l'opposition bien connue d'une volonté obstinée contre les progrès de l'élément civil.

« M. Mercier-Lacombe et la direction des services civils ont bien mérité de l'Algérie.

« E. AUREL. »

M. Mercier-Lacombe était à peine depuis un an dans le département de la Loire-Inférieure, lorsqu'il subit une disgrâce aussi inattendue que peu méritée. Le Ministre de l'Intérieur, M. de Lavalette lui annonça le 16 octobre 1865, que, « par des considérations politiques et administratives », il avait cru devoir le mettre en non activité ; mais il se garda bien de lui faire connaître ces considérations, car, au fond, ce n'était qu'une sorte de satisfaction que le ministre voulait donner à un fonctionnaire municipal, qui s'était placé lui-même et malgré les conseils du Préfet, dans une situation des plus difficiles.

Les membres de la Chambre de commerce de Nantes protestèrent contre cette décision, en remettant à M. Mercier-Lacombe une adresse courageuse et sympathique, dans laquelle ils exprimaient tous leurs regrets de perdre un administrateur dont la population avait apprécié le zèle et le dévouement.

Le Préfet était auprès de sa mère, à La Chabroulie (canton d'Hautefort), lorsqu'il reçut la nouvelle de sa mise en non activité. Il supporta cette épreuve avec beaucoup de dignité. Voici comment il en parlait, quinze jours après, dans une lettre intime :

« Vous me connaissez, vous devez savoir comment j'ai supporté le coup qui est venu m'atteindre si inopinément. J'étais à La Chabroulie, je suis retourné à Nantes, j'ai fait mes paquets et je me suis installé à Périgueux pour l'hiver, aussi tranquillement, aussi gaiement que si j'avais été simplement en congé pour six mois. Madame Mercier et ma belle-mère n'ont pas montré moins de philosophie. Nous sommes au milieu de parents et d'amis, ne regrettant rien, que la grossièreté du procédé. J'ai témoigné mon sentiment à cet égard à M. de Lavalette en ne répondant pas à sa lettre, ce dont il a montré beaucoup de mauvaise humeur. Mais, franchement, que pouvais-je lui dire, sinon des choses qu'il valait mieux taire? » (1)

Le Ministre de l'Intérieur, blessé sans doute du silence de M. Mercier-Lacombe, ne se prêta à aucune combinaison pour lui faire obtenir une compensation à laquelle il avait des droits incontestables. Ses anciens services si distingués, sa carrière si honorable, le plaçaient dans une situation particulière, et il n'était pas possible de le traiter comme un débutant, que l'on remercie à la première difficulté, et par ce seul fait qu'il a déplu à un protégé du ministre.

M. Mercier-Lacombe n'aurait eu, il est vrai, qu'un mot à dire: il n'aurait eu qu'à mettre sous les yeux de

---

(1) Un ancien fonctionnaire de ce département à qui j'avais demandé des renseignements sur les motifs de cette disgrâce, rend hommage en ces termes au caractère de M. Mercier-Lacombe : « Ce que vous pouvez affirmer, c'est qu'il a supporté cette disgrâce avec une fermeté et une dignité qui m'ont inspiré pour lui la plus haute estime. »

l'Empereur sa lettre du 11 février 1861, il eut été replacé immédiatement ; mais il ne le voulut pas. Il fut oublié pendant plus de six mois.

Un jour, cependant, un de ses nombreux amis eut la bonne pensée de rappeler ses services à l'Empereur et de lui dire combien était délicate sa discrétion, alors qu'il tenait en main une promesse formelle du chef de l'Etat. L'Empereur le nomma, peu de temps après, conseiller-maître à la Cour des Comptes.

Installé le 25 août 1866, à la Cour des Comptes, M. Mercier-Lacombe s'y fit remarquer par la sûreté de son jugement, l'étendue de ses connaissances administratives et l'intégrité de son caractère. Il y demeura jusqu'au jour où M. Magne, alors ministre des finances, vint le solliciter (j'étais à Paris en ce moment et je fus en quelque sorte témoin des instances du Ministre), pour lui faire accepter la haute position de Directeur général des contributions indirectes.

Après avoir assez longtemps hésité, M. Mercier-Lacombe quitta avec regret la Cour des Comptes, et prit le 19 mars 1869 la direction du service si important et si laborieux des contributions indirectes. Les évènements de 1870 le trouvèrent dans ce poste. Il y passa les tristes et pénibles épreuves du siége, montant la garde comme le plus humble des citoyens et donnant l'exemple d'un dévouement absolu à tous ses devoirs.

Après la guerre, il fallut trouver, dans l'ensemble des impôts indirects, la plus grande partie des ressources nécessaires pour payer les intérêts des milliards exigés par la Prusse. Cette difficile mission, hérissée de difficultés de toute nature, fut remplie avec habileté par M. Mercier-Lacombe, qui s'y consacra tout entier.

Mais les privations éprouvées pendant le siége de Paris, l'excès de travail qu'il avait dû s'imposer ensuite pour étudier les grandes questions d'économie politique soumises à son examen, avaient altéré sa santé, et il sentit le besoin de reprendre les travaux plus calmes de la Cour des Comptes. Sur sa demande, il fut réintégré dans les fonctions de Conseiller-Maître par un décret du 11 juillet 1872.

Pendant deux ans encore, il lutta contre la maladie nerveuse qui l'envahissait; mais enfin il sentit que ses forces l'abandonnaient tout à fait, et il se décida, vers le mois de septembre 1874, à prendre sa retraite.

Il n'en jouit pas longtemps. Le 21 octobre suivant, il s'éteignait dans sa propriété de La Chabroulie, dans la chambre même où sa mère, son excellente mère qu'il avait tant aimée, avait rendu le dernier soupir.

L'*Echo de la Dordogne* annonça, en ces termes, cette triste nouvelle qui fut accueillie avec une douloureuse sympathie.

« On nous écrit d'Hautefort, 25 octobre 1874 :

« Une grande existence vient de s'éteindre dans notre canton. M. Mercier-Lacombe, ancien préfet, ancien directeur général, conseiller-maître à la cour des comptes, est décédé à La Chabroulie, sa maison natale, le 21 de ce mois, après une longue et cruelle maladie.

« Ses obsèques ont eu lieu avant-hier, au milieu d'un immense concours de population. La société de secours mutuels du canton, dont il était un des membres fondateurs, entourait son cercueil, bannière en tête; le deuil était conduit par MM. Dauriac, Julien Lalande, Laurenie et de Lanxade, parents du défunt; un nombreux clergé accompagnait le corps.

« Après les dernières bénédictions, M. Passemard, ami particulier de M. Mercier-Lacombe, a retracé, en termes émus, la vie si bien remplie de celui qui sut unir, avec un tact charmant, aux qualités élevées de l'administrateur, les qualités aimables de l'homme du meilleur monde; à l'énergie conciliante de l'homme public, les plus affectueux sentiments de la famille et de l'amitié. Enfant du pays, la providence de tous ceux qui l'entouraient, il avait continué, en les agrandissant, les traditions de générosité et de considération qu'il avait trouvées dans son berceau; et, aujourd'hui, son berceau et sa tombe se touchent à quelques mètres de distance. »

Ces regrets si vifs, si éloquemment exprimés, furent partagés par les nombreux amis que M. Mercier-Lacombe s'était acquis partout où il avait vécu : dans le Var, dans la Vienne, en Algérie, à Nantes, à Paris; partout on a rendu hommage à ce caractère d'un autre temps, à cette loyauté inflexible, à cet esprit charmant et distingué, à cette solide intelligence, à cette bonté sérieuse et profonde qui fit naître autour de lui tant de dévouements sincères et d'honorables amitiés. Toute sa carrière se passa auprès du maréchal Bugeaud, duc d'Isly, et du maréchal Pélissier, duc de Malakoff, qui ne cessaient de lui témoigner la plus réelle estime, la plus profonde affection.

J'aime à rappeler ces noms illustres en terminant la biographie de M. Mercier-Lacombe, et je suis heureux de pouvoir placer son souvenir sous le patronage de ces deux grands caractères, de ces deux gloires françaises, qui l'avaient si hautement apprécié!

APPENDICE.

LETTRES DU GÉNÉRAL PÉLISSIER,

(Plus tard le Maréchal, duc de Malakoff.)

Oran, 10 février 1852.

Très cher et tout aimable secrétaire général.

D'après l'aperçu que vous me donnez, votre fête fera époque. Pourquoi donc n'en suis-je pas?.. mais je ne le puis. Si je ne suis pas à la frontière du *Garb*, qui appelle toute mon attention, j'aurai aussi mon bal déguisé dans ce Châteauneuf, que vous connaissez, qui vous aime et que vous avez promis de visiter.

J'ai fait une excursion à Sidi Bel-Abbès. Cette ville progresse rapidement et le pays se cultive à souhait. Vous en serez content quand vous l'honorerez de votre intelligent regard.

Mes officiers vous font de respectueuses tendresses. Nous sommes allés, à midi, conduire de Rallepot au *Charlemagne*, qui l'emporte en France; le *Maroc* nous le ramènera, je l'espère, avec une batterie.

Je vous serre la main bien cordialement.

Général A. Pélissier.

Oran, le 31 août 1852.

Mon cher et bon secrétaire général.

Nous descendrons donc chez vous, quand le moment sera venu de nous rendre aux jeux olympiques, où pourrait bien se trouver, cette idée tient bon dans ma cervelle, le dominateur d'un nouvel olympe ou d'un autre Elysée... On dit si rarement que je suis *bon enfant*, que je vous sais grand gré de m'avoir appliqué cette douce épithète. Je tacherai de la justifier en allégement des embarras que nous allons vous causer.

Je vous serre la main cordialement.

Général A. Pélissier.

Oran, le 17 septembre 1852.

Mon cher et excellent *Mouley-el-Diaff*.

Je vous plains sincèrement de la perte si inattendue de votre cousin, mais je plains surtout sa pauvre mère !... A quoi bon tant se débattre pour suivre, par exemple, des instincts ambitieux, quand le faux pas d'un cheval vient tout renverser ? Voyez ce pauvre maréchal Excelmans : que de destinées nouvelles n'avait-il pas rêvées !..

Adieu, ou mieux au revoir. Je vous serre la main cordialement ainsi qu'au général Rivet.

Général A. Pélissier.

Châteauneuf d'Oran, 22 juillet 1854.

Très cher Préfet et bon ami,

Je comptais sur vos condoléances et je les attendais comme une consolation nécessaire... J'ai reçu là un coup bien dur autant qu'inatendu.... (1) La résignation, la résignation ! chacun me la conseille ; mais que diraient-ils s'ils étaient assez malheureux pour recevoir de moi un conseil identique? Dieu me l'avait donné, Dieu me l'a ôté, que son nom soit béni ! Ah ! je commence à le dire sans murmurer.

Certes, si j'allais là bas, j'irais vous voir ; mais qui peut répondre de soi désormais?.. de soi quant à sa liberté... car pour le cœur, toujours, et il est bien à vous... Je vous embrasse.

Général A. Pélissier.

Au quartier général sous Sébastopol, le 14 février 1855.

Bien cher Préfet,

Il faisait un froid si intense, vous étiez tous sous la neige quand je suis passé à Marseille et j'y suis resté si peu de temps, que j'ai résisté à vous faire signe, bien que j'en eusse grande envie. Je le regrette bien plus fort au-

---

(1) Le général venait de perdre une de ses nièces, Mlle Anne-Marie Constant, décédée à la Maison de la Légion-d'Honneur.

jourd'hui, que je reçois votre lettre du 21 janvier, qui me revient d'Alger.

C'est le 12, que j'ai reçu avec M Randon la dépêche télégraphique qui m'appelait en hâte à Marseille. Le 13, à une heure, je partais pour Oran où j'étais dans la soirée avancée du 15. Après avoir rassemblé mes chevaux, mes effets de campagne et indiqué à la hâte la disposition de tant d'autres effets que je laissais sur cette rive chérie, je m'en suis éloigné le 18, sur le *Lycurgue.* Le 22 au matin, j'étais à Marseille et le 24, à 3 heures, je l'avais quitté. J'ai bien pensé à vous ; mais cette incertitude, tant de courses à faire en si peu de temps, le froid si intense, tout enfin m'a porté à ne vous point déranger. Je voulais vous écrire, et vraiment le temps s'est écoulé littéralement sans que j'aie eu la liberté de le faire. Je m'en dédommage en vous adressant la première lettre que j'écris de Crimée.

Jusqu'ici mon temps s'est passé à prendre connaissance des choses, à examiner une place hérissée de défenses et défendue par des sauvages, ma foi, fort intelligents et qu'on avait, dans le principe, traités avec un trop superbe dédain. Je m'y mettrai tout entier, mais je ne suis pas chef et, conséquemment, je n'aurai que rarement chance de faire adopter mes idées. Je n'entre dans aucun examen du passé... il y aurait trop à en dire ; mais on a embarqué là le pays dans une lourde affaire et avec un vice radical, l'absence d'unité dans le commandement et, conséquemment, dans l'action. Nous sommes en ce moment et, de sollicitation lasse, à faire ce que nos chers alliés eussent dû faire depuis deux mois. Cette action accomplie, il y aura à examiner quand et comment les meilleurs coups de boutoir seront donnés. Jusques là je suspends toute énonciation plus complète ; j'examine attentivement et de très près ; aussi vous quitté-je pour me rendre à la tranchée, dont je ne veux laisser échapper aucun détail, et d'où je puis plus attentivement examiner cette place avec tous ses canons béants, ses forêts d'abattis et toutes ses lignes solidement reliées de chevaux de frise. Il faut s'attendre bien certainement à une chose, c'est que chacune de nos têtes de colonne sautera en l'air dès qu'elle aura le pied sur les abords des ouvrages auxquelles on s'adressera et que les colonnes qui les suivront auront à se loger en hâte sur le point bouleversé, pour recommencer immédiatement une ruine, un siége partiel. Je ne crois point errer en vous affirmant ceci. Il est un axiome bien connu : place investie, place prise. Et celle-ci ne l'est pas. Dieu veuille que nous n'en soyons pas réduits à finir par où l'on eut dû commencer... Quand on disait ou on répétait si souvent : dans tant de jours nous serons prêts, on était sous une bien aveugle illusion, car je ne fais à personne l'injure de supposer qu'il put se mentir à lui même. Cette opinion, je la verse dans votre cœur, soyez discret. Le mien vous embrasse de toutes ses forces.

Tout à vous.

Général A. Pélissier.

Devant Sébastopol, 19 juillet 1855.

Bien cher Préfet,

Vous avez raison de croire que les affaires ne nuiront jamais à l'amitié que j'ai pour vous. Deux choses me rendront votre souvenir toujours cher : votre caractère d'abord ; puis, le bien que nous avons fait ensemble à l'Algérie, lorsque nous travaillions avec une si parfaite conformité d'idées à développer ce beau pays.

Quand j'ai reçu le journal *Le Var*, j'ai bien deviné de suite la main amie qui l'avait adressé à mon aide de camp ; et, comme je vous l'ai écrit, j'ai été fort sensible à cette attention et à cette manifestation de vos sentiments.

Malgré de grands obstacles, nous marchons à la conclusion de notre rude entreprise. Pour arriver au succès il faut de longs préparatifs, et des travaux qui demandent beaucoup de temps, je le sens bien, au gré de l'impatience publique. Mais comme je suis persuadé qu'il faut préparer avec calcul et agir avec caractère, je résiste aux entraînements des uns comme aux défaillances des autres, et je compte arriver à vaincre quand l'heure d'une lutte décisive sonnera.

Je vous serre bien cordialement la main, mon cher Préfet, et vous assure de mon entière et inaltérable affection.

Le général en chef,
A. Pélissier.

Au quartier général à Sébastopol, le 21 février 1856.

Bien cher Préfet,

Comme vous, je commence à penser que le gros de la crise est passé et que les conférences entreprises en ce moment aboutiront à la paix. L'opinion anglaise s'est extrêmement radoucie, excepté, chose surprenante, à Liverpool et à Manchester où l'on fabrique cependant plus de bonnets de coton que de casques. Lord Palmerston a avoué qu'il croyait à une issue pacifique, et déjà il prépare son langage pour rester ministre.

Les conférences de Constantinople ont assez bien accommodé la situation des chrétiens en Orient, toutefois nous ne pouvons pas tourner les yeux vers la patrie aussi promptement que vous semblez le croire.

Je serais tenté de penser que vous m'avez écrit sous l'influence d'un affreux canard de *l'Indépendance Belge* du 28 janvier, je crois, qui, dans un style aussi élevé que familier, me fait dire de ces choses que je n'ai écrites à personne, car, si elle avait du bon sens, elle saurait que les nouvelles pacifiques nous viennent de Paris et que nous n'en expédions aucune, car tout ce que m'écrit le Gouvernement depuis que nous sommes entrés dans cette phase ne sort pas de cette alternative : jusqu'à la paix, ou l'expédition qui se ferait au printemps. Quoi qu'il en soit, je vous avertirai à l'avance de mon arrivée ; j'y mets cette condition, que vous le garderez pour vous, car je suis aussi peu désireux d'ovation que mes devanciers en France semblent les rechercher. Vous me préparerez une note et je ferai de mon mieux auprès du Ministre de l'Intérieur et de l'Empereur, s'il le faut, car il vous en souvient, c'est près de votre commandant de la garde nationale qu'il vous a annoncé qu'il vous réservait une préfecture. Je trouve avec vous que l'on vous maintient bien longtemps au point de débarquement.

Au revoir, cher Préfet, croyez toujours à ma bonne et sincère affection.

Maréchal Pélissier.

Au quartier général à Sébastopol, le 1er juillet 1856.

Cher et bon Préfet,

Vous devez me croire perdu dans les steppes de Crimée ou embourbé dans la mer Putride. J'aurais dû vous écrire plus tôt, mais j'étais tellement obsédé des indications que la sotte presse, la Belge surtout, se permettait sur mon compte, mes départs, mes arrivées prochaines, que j'ai voulu ne laisser dire à qui que ce soit ce que je fesais ou ce que je ferais, et j'ai mis *embargo* sur ma propre correspondance.

Aujourd'hui que, par ma persistance, j'ai mené en trois mois à bonne fin une lourde opération que beaucoup trouvaient l'année trop courte pour la bien terminer, je puis avoir enfin des idées de retour et, je vous le dis pour vous seul, le 5, selon toute apparence, après avoir vu s'embarquer mes derniers soldats, mon dernier canon, je monterai sur le *Roland* et jetterai un dernier regard sur cette terre de Crimée qui recouvre tant de cœurs généreux, tant de cœurs qui m'étaient si chers. Après avoir promené l'œil du maître à Constantinople sur différents détails et sur l'évacuation de ce que nous y avons encore, je reprendrai la mer, je reverrai Smyrne, Rhodes, Athènes, Malte; je verrai Palme, Messine, Naples peut-être et, après dix sept ans d'absence consécutive, je reverrai la France, vers la fin de juillet.

Une ennuyeuse fantasia m'attend à Marseille où je devrai rester au moins deux jours. Je compte bien vous y voir et nous causerons.

Je vous serre la main bien cordialement.

    Tout à vous,

                Maréchal PÉLISSIER.

Lettres de M. le Maréchal RANDON.

Alger, le 20 septembre 1852.

Mon cher Secrétaire général,

Je suis en retard de quelques courriers pour vous écrire, mais la cause en est à l'ignorance où j'étais de votre adresse à Paris ; votre dernière lettre me tire de cette incertitude et je me hâte de venir causer avec vous. Je vous remercie des nouvelles que vous m'avez données depuis votre arrivée à Paris ; elles sont venues confirmer celles que je recevais d'autre part. Ces projets formés et abandonnés tour à tour au sujet de l'Algérie, m'ont trouvé assez impassible, parce que, dès le premier jour de mon arrivée au gouvernement, mon parti a été très arrêté sur la conduite que j'aurais à tenir, aussitôt que je ne pourrais plus conserver ce commandement, dans les conditions que je croirais indispensables pour l'exercer utilement et convenablement. Je n'ai pas été surpris qu'à la veille d'un changement aussi radical dans la forme de gouvernement, il devînt nécessaire de pourvoir à des ambitions non satisfaites, et que l'Algérie, cette terre de ressource pour la France, se présentât comme un holocauste dans le fait de son gouvernement ; ce qui aurait pu me surprendre, si j'avais moins la connaissance des hommes, ce serait l'abstention de la part de ceux dont j'ai été le collègue dans les temps difficiles, dans une circonstance où ils auraient pu me témoigner un peu de sympathie.

Cette perspective de l'érection d'un royaume en Algérie a fait tourner bien des cervelles. Les uns voyaient une carrière incommensurable ouverte à leurs spéculations, bonnes ou mauvaises et, partant, l'âge d'or à son aurore ; d'autres, moins intéressés, mais vrais utopistes, tendaient les bras à des flots d'émigrants qui allaient triompher de l'inclémence du climat et des difficultés de s'assurer une existence réelle. On dit que les maisons augmentaient de valeur, que les marchands de comestibles fesaient des commandes en France ; le Trésor seul avait une sombre physionomie. Je crois au reste que ces espérances ne sont qu'ajournées et que le projet dont il est question s'accomplira en son temps.

Le ministre, me dites-vous, a été satisfait de la manière dont j'avais accueilli la nouvelle de la mise en liberté d'Abdel-Kader : mais pouvais-je faire autre chose, une fois cette grave mesure prise, que de me remettre de ses suites aux décrets de la Providence? Je n'ai rien perdu de mes convictions sur les embarras qui surgiront à une époque, pour la France, à l'occasion de l'Algérie plongée de nouveau dans les désordres des insurrections ; mais je ne suis pas pour cela disposé à me jeter dans des homélies qui seraient fort ridicules. En attendant, le général Pélissier d'une part, et le général Jusuf, de l'autre, vont pénétrer dans le Sud, autant pour donner la chasse au Chérif, que pour montrer nos troupes au milieu de ces mêmes tribus que la nouvelle concernant l'Emir pourrait impressionner. Je souhaite que ces dispositions aient le succès que je puis en attendre.

Je m'attends à chaque courrier à voir votre nom figurer dans quelques promotions de Préfet; non pas assurément que j'aie la moindre hâte de vous voir consommer votre séparation d'avec cette terre d'Afrique, que vous aimez et dans laquelle vous avez fait beaucoup de bien, mais parce que je comprends que cette position d'attente doit vous être désagréable. Je ne m'oppose en aucune manière à ce que M. de Boisredon ait une prolongation de congé; je vous demande seulement de me faire savoir si vous la lui avez fait obtenir directement.

J'espère que, cette fois, l'Algérie se montrera sensée dans le vote qu'elle va émettre, et qu'elle prendra enfin le rang qu'elle doit avoir dans la grande famille. J'ai trouvé d'ailleurs, partout autour de moi, de très bonnes dispositions à me suivre dans la voie franche et nette que je crois que nous devons parcourir, afin de préserver le pays de nouvelles catastrophes.

Nous nous occupons d'ailleurs, comme si de rien n'était de quelques grands travaux depuis longtemps élaborés, et qui, à mon sens, marqueront par un progrès sensible dans l'administration générale de la colonie. Je ne sais quel est l'accueil qui leur sera fait à Paris.

Agréez, mon cher Secrétaire général, l'assurance de mon attachement aussi sincère qu'affectueux.

Général Randon.

Alger, 9 octobre 1852.

Mon cher Secrétaire général,

J'ai reçu votre lettre que m'a remise le capitaine Appert; je vous y aurais plustôt répondu si nous n'avions pas été accablés sous le fardeau des fêtes d'abord et des conférences ensuite; enfin, si, après toutes ces épreuves, je ne m'étais pas avisé de prendre un gros rhume qui m'a rendu presque malade. Je vous écris de Mustapha, où je me suis réfugié après la tenue des *Etats* de l'Algérie. Je ne vous dirai rien de la splendeur de nos courses; vous la pressentiez, et les journaux vous en auront donné les détails. La course de fond aura, je le crois, le plus grand retentissement, et nous amènera plus de visiteurs, d'amateurs, de curieux que toutes les réclames que nous avons pu faire pour exciter le désir de nous venir voir, et cependant nous pouvions montrer quelque chose de mieux encore que des chevaux en libre carrière.

Les conférences se sont bornées à la discussion de la sous-répartition de budget; quand j'ai voulu passer à autre chose, je n'ai plus rien trouvé sous l'habit de M. le Préfet : je ferai cependant une exception pour M. Lapaine qui a très convenablement et très nettement défendu son œuvre. Vraiment il est pénible de penser que les intérêts de la colonie, pour une part aussi large, sont confiés à des administrateurs aussi peu pratiques; il est vrai que le plus fort de tous était absent.

Les questions principales ont donc dû être traitées par les officiers directeurs des affaires arabes, et ceux-ci sont encore à la besogne, délaissant une à une leurs..... de province et comprenant, pour la première fois peut-être, que le bon sens pratique et la connaissance des affaires du pays n'étaient pas le patrimoine des uns plutôt que celui des autres. J'espère que ces grandes questions seront élucidées sous un point de vue général que nous n'eussions pas obtenu sans cette réunion. L'année prochaine, si Dieu nous prête vie et commandement, ces conférences pourront être plus fructueuses encore.

La première impression que j'ai éprouvée, en recevant la nouvelle des chances qui s'ouvraient devant vous, a été de me réjouir; mais je ne puis vous cacher que la seconde a été pour le regret de vous voir quitter des fonctions qui demandent, pour être bien remplies, une série de qualités qui ne se rencontrent pas aisément. Je sais bien d'avance que je ne pourrai pas vous remplacer, mais je me demande même qui je pourrai proposer, le cas arrivant, pour tenir ce poste. En attendant, je n'ai désigné personne, mais je reconnais tous les jours que les affaires ne peuvent marcher sans une direction directe et plus rapprochée des bureaux.

Agréez, mon cher Secrétaire général, l'assurance de mes sentiments d'estime et de très sincère attachement.

Général Randon.

Alger, le 12 octobre 1853.

Mon cher Préfet,

Je vous remercie du bon souvenir que vous m'avez adressé par M. Perrotin, et des choses aimables que vous y joignez, tant sur ma dernière campagne que sur les anciens rapports que nous avons eus dans la direction des affaires de l'Algérie : je vous prie de croire que je garde bonne mémoire de ce temps que j'aurais désiré voir se prolonger. Je comprends facilement que le poste que vous occupez dans ce moment, offre plus de satisfaction à votre esprit, en raison de l'initiative qui est dévolue actuellement aux Préfets dans l'administration de leur département, et j'aspire au jour où le Gouvernement de l'Algérie éprouvera un peu de cette émancipation.

J'ai, en effet, passé quelques semaines en France où m'appelaient tout à la fois les affaires de la colonie et mes propres affaires : je n'ai fait que courir, et c'est à peine si j'ai pu passer huit jours en Dauphiné, juste ce qu'il me fallait pour constater le mauvais état de la vigne.

J'ai rencontré à Paris la queue de projets bizarres sur l'organisation que l'on voulait donner à l'Algérie ; je souhaite, pour la prospérité future du pays, que la queue aille trouver la tête et que, d'un commun accord, le tout s'enfonce dans un trou pour ne plus en sortir.

Ce qui nous manque toujours ici, c'est la population. On m'avait dit que vous vouliez tenter un effort généreux pour populariser la création des villages départementaux, et j'augurais bien, pour cette excellente institution, du patronage que vous lui donneriez : on m'a dit que vous n'avez pas cru pouvoir demander son concours à votre conseil général : les habitants des régions méridionales de la France conviennent bien mieux que ceux du Nord pour constituer une population algérienne, et, sous ce rapport encore, je regrette que vous ne croyiez pas pouvoir nous confier une centaine de familles dont nous aurions eu grand soin.

Je m'acquitterai de la commission dont vous voulez bien me charger auprès de ma femme; mais ces dames se rapprocheront de vous avant de venir me rejoindre, car elles devront prendre passage à bord de la frégate par le départ du 2 novembre.

Agréez, mon cher Préfet, l'assurance nouvelle de mon cordial attachement et de ma haute considération.

Général RANDON.

Mon cher Préfet,

C'est avec satisfaction et reconnaissance que je pense avoir toujours reçu de vous, dans les circonstances imprévues qui se sont présentées, un témoignage de votre sympathie.

Dans le moment actuel elle ne pouvait me manquer, car aux bons sentiments que vous m'avez gardés et dont je vous remercie cordialement, se joint l'intérêt que vous portez à cette colonie qui vous est chère à tant de titres.

Vous êtes trop clairvoyant pour ne pas avoir jugé, quand les nouveaux projets sur le gouvernement de l'Algérie ont vu le jour, qu'il ne pouvait me convenir de continuer la mission que j'avais reçue de l'Empereur et que je crois avoir remplie sinon avec un plein succès, du moins avec persévérance, zèle et dévouement.

L'empressement avec lequel le prince a demandé à l'Empereur la suppression du gouverneur général, est une preuve de la direction qu'il veut donner aux affaires de la colonie et de la nécessité dans laquelle je me vais trouver de donner la démission de mes fonctions, plutôt que de me trouver jeté dans une situation que mes principes d'administration, mon caractère et mon expérience n'auraient pu accepter.

Je souhaite que mes craintes pour la tranquillité et la prospérité de l'Algérie ne se réalisent pas, et que la colonie n'ait pas à souffrir grandement des nouveaux essais de gouvernement que l'on veut mettre à l'épreuve. Vous savez, mieux que personne, que l'on ne peut rester étranger à ce pays quand on a été en position de s'occuper de lui, et vous comprendrez que, quoique séparé de l'Algérie pour toujours, je prenne un vif intérêt à ce qui la regarde; je suis certain qu'en cela, comme en toute chose, je me trouverai avec vous en parfaite harmonie de sentiments et que, même sans nous parler, nous nous comprendrons à merveille.

Je saisis avec grand plaisir cette occasion, mon cher Préfet, pour vous renouveler l'assurance de mon attachement et de ma considération toute particulière.

Maréchal RANDON.

Saint-Ismier près Grenoble, le 11 septembre 1858.

Aix les Bains, 26 juin 1861.

Je vous remercie, mon cher directeur général, des paroles que vous avez dites sur mon administration, dans le discours que vous avez prononcé devant la chambre, dans la séance du 14 de ce mois.

J'ai bien la conscience d'avoir fait tous mes efforts, d'avoir employé tout ce que j'ai d'ardeur dans le cœur pour diriger dans une voie de progrès notre chère colonie, pendant le temps que j'en ai été le gouverneur général, mais un témoignage comme le vôtre m'est particulièrement agréable et, encore une fois, je vous remercie de l'avoir exprimé devant la Chambre.

J'y trouve un autre avantage, c'est celui de prouver à des personnages que je n'ai pas besoin de nommer, qu'entre l'administration supérieure de l'Algérie et le ministre de la guerre, au lieu de cet antagonisme, de cet esprit d'opposition ou de récrimination, que l'on désirerait surprendre, il y a une parfaite loyauté, comme il convient entre gens qui s'estiment, un désir incessant de concourir à une œuvre poursuivie longtemps en commun, et au perfectionnement de laquelle on se dévoue, sous peine d'être regardé comme un rénégat.

Je n'ai jamais fait de la popularité en Algérie, je ne me suis jamais laissé entraîner à cette fausse et vaine satisfaction, de régler ma conduite sur le bien que ma réputation pourrait en recueillir, et cependant, j'ai eu à me louer du bon souvenir que les habitants de l'Algérie ont gardé de moi. J'ai été particulièrement touché de la démarche que le maire, au nom du conseil municipal, a faite auprès de moi, et de la forme délicate qui a été employée à ce sujet, en adressant directement à la maréchale la délibération d'après laquelle mon nom serait donné à une des rues d'Alger. Je ne sais si l'acte qui en serait la suite est parfaitement légal et s'il est susceptible d'être confirmé; mais je ne suis pas moins reconnaissant de la bonne intention, et c'est le langage que j'ai tenu à M. Sarlande en lui répondant.

Je viens d'envoyer à Alger cinq jumens de pur sang arabe, que j'ai fait acheter à Constantinople dans les écuries d'.... Pacha : c'est le commencement du haras que je voudrais tant pouvoir faire créer en Algérie. Je ne puis que vous prier de vous occuper de cette création et de la hâter par tous les moyens en votre puissance : ce sera, je crois, dans un moment où la France abandonne la question des jumenteries, un grand succès que vous préparerez à l'Algérie.

Agréez, mon cher Directeur général, l'expression de mes sentiments affectueux.

Maréchal RANDON.

Lettres de M. le Maréchal de St-ARNAUD.

Philippeville, le 21 juillet 1851.

Mon cher Mercier,

Mille remerciemens pour vos bonnes et cordiales félicitations. Les bons sentimens de mes amis me font plus de plaisir que l'étoile elle-même, et je n'y attache de prix que parce que je crois l'avoir bien gagnée et qu'elle me donne une indépendance dont je saurai profiter.

Vous croyez peut-être que je me repose ! pas du tout, j'inspecte !... Quelle vie ! pas un quart d'heure à soi !..

Le département de Constantine, à Philippeville, comme à Cirtha, fait des manifestations fraternelles et patriotiques pour recevoir la colonne.

Les trois bataillons que j'ai conduits ici ont été admirablement fêtés, avec tact et convenance. Le 24, j'entrerai à Constantine avec la colonne qui a pris une autre route. On nous prépare *un arc triomphal* orné de *bleu*, de jambons et de saucissons.

Tout cela est d'un bon esprit. On reconnait, on récompense les efforts des soldats.

A vous de cœur.

Général A. DE ST-ARNAUD.

Paris, le 22 novembre 1851.

Mon cher Mercier-Lacombe,

Merci de vos cordiales félicitations (1). J'ai accepté une lourde tache, mais j'ai compté sur le concours de tous les gens de cœur et d'énergie. Pour moi, je suis bien déterminé à ne pas reculer d'une semelle et à périr sur la brèche, en essayant de sauver notre pauvre pays bien malade...

Vous avez vu que je n'ai pas oublié l'Algérie et je ne l'oublierai jamais.

Croyez à mes sentiments les plus affectueux.

Général A. de St.-Arnaud.

Lettre de M. le général CHARON,
Gouverneur général de l'Algérie.

Paris, le 22 mars 1850.

Monsieur le Secrétaire général,

J'ai reçu hier votre très bon et très volumineux paquet. Je vous en remercie et vous prie de remercier également

---

(1) Il venait d'être nommé Ministre de la Guerre.

M. de Toustain que je suis heureux de connaître, en raison de ses belles qualités. Je ne puis que vous féliciter de l'avoir sous vos ordres.

On s'occupe ici beaucoup d'organisation algérienne ; vous savez qu'il y a deux commissions, ainsi les projets ne manqueront pas. Il faut du temps pour les élaborer ; il en faudra beaucoup plus pour les rédiger définitivement. Je ferai mon possible pour assister à la discussion du projet de loi et du projet de décret sur l'administration générale. J'ai beaucoup travaillé avec Dubosc à ces projets depuis que je suis ici et, plus l'on travaille, plus j'y vois des difficultés La commission du Ministère est dans de bons principes. Elle veut que l'autorité locale ait du pouvoir.

Nos bien bonnes et excellentes relations, qui me sont si précieuses, me font penser que vous portez de l'intérêt à ce qui peut m'arriver d'heureux. J'ai donc le plaisir de vous annoncer que je vais me marier très prochainement. J'épouse Mme veuve de Latour-Randon, fille de M. le général Schneider. Ce changement dans mon existence me permettra, je l'espère et le désire, de vous voir plus souvent.

Recevez, Monsieur le Secrétaire général, l'assurance de mes sentiments dévoués et de tout mon attachement.

Le Gouverneur général,

V. CHARON.

Lettre de M. le général d'HAUTPOUL,
Gouverneur général de l'Algérie

Paris, le 12 mai 1851.

Le *Moniteur* d'aujourd'hui vous apprend, mon cher ami, que je ne suis plus gouverneur général de l'Algérie. Je ne suis pas remplacé, le général Pélissier continue l'intérim. Cela ne fait pas l'affaire des prétendants. Ce provisoire est fâcheux pour les affaires, car on ne peut jamais, lorsqu'on n'est pas titulaire, se livrer aux choses qui demandent du temps et de la suite dans les résolutions. J'ai un profond regret de vous quitter : je m'étais très franchement identifié avec l'Algérie, j'aurais été bien heureux de lui consacrer quelques années, et d'attacher mon nom à des œuvres utiles à ce pays. Vous savez que j'ai foi dans son avenir. J'espère pouvoir, comme représentant, lui donner des preuves de toutes mes sympathies, et défendre ses intérêts toutes les fois que j'en trouverai l'occasion. Veuillez, je vous prie, en donner l'assurance à tous ceux qui veulent bien se rappeler de moi.

Lorsque vous avez lu l'article du *Moniteur* du 27 avril, vous avez dû penser que je ne retournerais pas; il n'avait paru que pour rendre, *quant à présent du moins*, mon retour impossible. J'ai bu, depuis quelques temps, la coupe d'amertume jusqu'à la lie, elle est épuisée maintenant; aussi ceux qui m'ont le plus attaqué viennent-ils maintenant me tendre la main et me faire des protestations d'amitié. Jugez combien je dois y compter ! Heureusement que je connais mon monde et je sais que penser.

Dans le temps où nous vivons, les hommes et les choses s'usent bien vite ; aussi ai-je l'espoir de revenir en Algérie dans peu de temps peut-être, je n'y ai pas renoncé. J'aurais voulu, moi ne remuant pas, qu'on nommât le général Pélissier d'une manière définitive ; c'est un homme de cœur et d'honneur, qui aurait fait le bien de la colonie. J'ai pour lui un attachement véritable, j'ai dit au Président tout le bien de lui qu'il mérite.

Si je puis vous être bon à quelque chose à Paris, ne me ménagez pas ; je suis tout à votre service. J'ai appris à vous connaître et conséquemment à vous estimer, pendant les six mois que vous avez été mon collaborateur ; l'amitié que j'ai pour vous n'est pas éphémère.

Veuillez me rappeler au bon souvenir de tous les membres du conseil supérieur du gouvernement ; ils m'ont témoigné de la bienveillance, j'espère qu'ils ne m'oublieront pas ; pour moi je leur conserve un sincère attachement.

Dites en particulier à M. Majorel que, le cas échéant, je ferai pour lui les démarches que je lui ai promises ; ma lettre au Garde des sceaux lui a fait connaître tout le bien que je pensais de M. Majorel et combien je le croyais capable de justifier, dans toutes les positions, la confiance que le gouvernement mettra dans son zèle, son intelligence et le dévouement à ses devoirs.

Adieu, mon cher Monsieur Mercier, conservez-moi un bon souvenir et croyez à mon inviolable attachement.

Votre affectionné,

D'HAUTPOUL.

Lettre autographe de l'Archiduc F. MAXIMILIEN,

plus tard Empereur du Mexique.

Monsieur le Secrétaire général,

En revenant de Vienne, j'ai reçu, par l'entremise de M. le consul Santa-Gabbio, votre aimable lettre et le relevé fait sur les registres de l'ancien gouvernement de l'Algérie, que vous avez eu la bonté d'y joindre; autant l'un m'a fait du plaisir, autant l'autre m'a intéressé : ce travail sera une des pièces les plus curieuses de ma bibliothèque. Elles seront toutes deux un souvenir de mon séjour en Algérie, et de l'aimable accueil qu'on m'y a fait.

Je vous prie de faire, de ma part, bien des amitiés au gouverneur général Randon, dont je conserverai toujours le souvenir pour les bontés dont il m'a comblé.

Dans l'espérance d'être encore le témoin des développements que vous faites prendre à votre colonie, je vous prie d'agréer l'assurance de la considération et des remerciments avec lesquels je suis

FERDINAND MAXIMILIEN,
Archiduc d'Autriche.

Trieste, ce 25 octobre 1852.

Délibération du Conseil municipal de Draguignan, portant vote de 500 francs pour le portrait du Préfet.

Séance du 8 août 1859.

Le Conseil municipal de la ville de Draguignan, dûment convoqué, s'est réuni à l'hôtel de ville, dans la salle ordinaire de ses séances, et a pris, sous la présidence de M. le Maire, la délibération ci-après :

M. le Maire fait au Conseil la proposition suivante :

Après avoir rappelé tous les témoignages de bienveillant intérêt dont M. le Préfet ne cesse, depuis 6 ans, de combler la ville, si heureusement transformée et embellie par ses soins, et notamment, le signalé service qu'il lui a rendu dans une circonstance mémorable, en se faisant, auprès de Sa Majesté l'Empereur, le défenseur empressé et chaleureux de la cause de son avenir, menacé par le 1er projet de tracé du chemin de fer, M. le Maire demande au Conseil, que le souvenir de ce digne et excellent administrateur soit consacré par un hommage solennel et durable de la reconnaissance publique, dans la cité dont il a été le bienfaiteur. Il propose, en conséquence, au Conseil de faire faire, aux frais de la ville, pour être ensuite déposé dans la grande salle de la mairie, le portrait en pied de M. Mercier-Lacombe, Préfet du Var.

Le Conseil,

S'associant avec le plus sympathique empressement à la proposition de son président, et heureux d'être l'interprète des sentiments de reconnaissance de la population tout entière, délibère, à l'unanimité, que le portrait de M. Mercier-Lacombe, Préfet du Var, sera fait en pied, aux frais de la ville, et placé ensuite dans la grande salle de la mairie;

Vote pour cette dépense une somme de cinq cents francs, à prendre sur les fonds libres du présent exercice.

Fait et délibéré à Draguignan, les jour, mois et an susdits, et ont signé : MM. BOUYER, maire, CYPRIEN-PELLENQ et BOYER-GUBERT, adjoints; POULLE, BERNARD, DOZE, BEUF, DOUBLIER, LABAT, GASTINEL, CLÉMENT, GAILLARDET et AUNE, conseillers municipaux.

Pour expédition conforme :

Le Maire,

BOUYER.

NÉCROLOGIE.

Le discours suivant a été prononcé par M. Passemard, sur la tombe de M. Mercier-Lacombe.

« Messieurs,

« Permettez à l'ami, j'allais dire le plus intime, de celui qui va descendre dans cette tombe, de donner un suprême adieu à cet ami d'enfance, dont l'affection fraternelle n'a cessé de grandir au milieu des phases diverses de sa haute fortune.

« M Mercier-Lacombe succombe à l'âge où tant de vies sont encore pleines de promesses et d'espérances ; il succombe, emporté par l'excès des travaux d'une vie laborieuse et d'une longue carrière administrative ; il succombe à l'heure du repos noblement acquis par 34 années de services publics, et il n'avait que 59 ans !

« C'est cette vie si bien remplie que je voudrais essayer de retracer aujourd'hui, comme un dernier hommage de ma vieille amitié, et aussi, messieurs, comme un témoignage de légitime orgueil périgourdin.

« Après des études scolaires distinguées et de brillants examens de droit, M. Mercier-Lacombe fut nommé auditeur au conseil d'Etat, sous l'affectueux patronage de la plus haute gloire militaire de notre Périgord : le maréchal Bugeaud fut son parrain à son entrée dans la vie politique et administrative.

« Peu de temps après, le gouvernement de l'Algérie dut s'organiser sur les plans du futur vainqueur d'Isly ; le général Bugeaud emmena avec lui son jeune ami, M. Mercier-Lacombe, comme secrétaire du gouvernement, et bientôt on confia à sa précoce expérience la préfecture d'Oran. L'Algérie a conservé le souvenir de cette première administration civile, dont le succès valut à M. Mercier-Lacombe la préfecture du Var.

« Mais ce fut surtout dans ce poste élevé que, très jeune encore, M. Mercier-Lacombe témoigna de ses hautes facultés administratives ; et son nom, resté populaire dans ce département, est inscrit par la reconnaissance des populations sur plusieurs édifices et sur plusieurs constructions de travaux publics.

« Mis ainsi en vive lumière, son mérite le fait appeler à la préfecture de la Vienne, et il commençait à y conquérir sa popularité du Var, quand une autre illustre épée, et illustre entre les plus vaillantes, le maréchal duc de Malakoff, en prenant le gouvernement de l'Algérie, demanda, comme administrateur civil, M. Mercier-Lacombe, nommé alors directeur général des services civils et conseiller d'Etat.

« Etrange prédestination, messieurs, que ce choix de nos deux plus grandes illustrations militaires, qui met M. Mercier-Lacombe à la tête, en quelque sorte, de l'organisation civile de l'Algérie, aux deux époques les plus fécondes de cette organisation !

« L'Algérie se rappelle toujours, en effet, la fécondité de cette administration créatrice, qui sut associer si heureusement l'élément traditionnel militaire à l'élément civil, dont on tentait l'alliance dans l'organisation administrative nouvelle de notre colonie, depuis lors et pour toujours devenue département français.

« A cette date de son existence, se place pour M. Mercier-Lacombe l'époque heureuse de sa vie, où il unit à son présent si brillant et à son avenir, qui devait être si brillant encore, la femme distinguée que son cœur avait choisie entre toutes

« Mais le maréchal duc de Malakoff meurt d'une mort rapide, et M. Mercier-Lacombe, qui n'avait fait qu'obéir à une illustre amitié, en quittant l'administration de la métropole pour l'administration algérienne, demande à rentrer en France : on lui confie aussitôt l'une des quatre plus importantes préfectures, celle de la Loire-Inférieure.

« Nantes n'a pu oublier ses services, dont, d'ailleurs, le souvenir restera gravé dans une adresse émue de la chambre de commerce de cette ville, lorsque, dénoncé bruyamment et faussement à l'administration supérieure pour être allé honorer de sa présence le convoi d'un ami de sa vie d'Afrique, M. Mercier-Lacombe fut mis en disponibilité... On lui fit un crime administratif d'avoir eu l'intention d'assister, non comme préfet, il savait bien n'en pas avoir le droit, mais comme simple particulier, aux obsèques du glorieux vaincu de Mentana !... Le général de Lamoricière était un de ses plus intimes amis, et c'était, en vérité, une étrange manière d'honorer la valeur française partout où elle se produisait, et d'apprécier la fidélité des souvenirs et des amitiés généreuses !

« Cette apparente disgrâce fut, du reste, de courte durée : l'Empereur Napoléon III, qui eut toujours M. Mercier-Lacombe en estime particulière, éclairé sur une erreur administrative involontaire, le nomma bientôt conseiller-maître à la Cour des Comptes, et peu après lui confia la direction générale des contributions indirectes.

« C'est en cette qualité qu'il est resté à Paris pendant toute la durée du siége prussien, ne laissant à personne l'honneur du péril, la douleur des isolements de la famille et le danger des privations, alors que déjà, cependant, sa santé ébranlée avait reçu la première atteinte du mal qui nous le ravit aujourd'hui.

« Cette période de la vie de Mercier-Lacombe est à la fois la plus douloureuse pour son patriotisme et pour ses affections d'époux et de père. Elle fut aussi celle qui, dans son travail incessant, brisa à jamais sa santé affaiblie, quand surgirent, en 1871 et 1872, les nécessités immédiates de préparer des ressources inouïes au budget des contributions indirectes.

« Cette lourde tâche accomplie, M. Mercier-Lacombe se retira et rentra, sans ambition nouvelle, occuper une seconde fois la place de conseiller-maître à la Cour des Comptes. Mais les sources de sa vie étaient profondément atteintes ; il le comprit, et, l'an dernier, il demanda sa retraite et fut nommé conseiller-maître honoraire.

« Tout entier désormais aux joies et aux soins de la famille, au doux repos du foyer domestique, tantôt sous le ciel embaumé de la Provence, tantôt sous le toit natal de sa chère Chabroulie, M. Mercier-Lacombe pouvait espérer, et ses amis espéraient avec lui, voir au moins prolonger une existence, usée jusqu'ici au service de son pays; mais les soins les meilleurs et les plus dévoués, les affections les plus ardentes, pressées autour de lui, n'ont pu suspendre, dans sa marche implacable, le mal incurable qui l'avait frappé, si jeune encore !

« Tel fut, messieurs, l'homme public que tant de considération personnelle entoura, et qui brilla de mérites si divers dans les hautes fonctions qui sont l'honneur de sa vie. Ajoutons que sa modestie égala ses mérites, et commandeur de la Légion-d'Honneur, grand officier de l'ordre de St-Vladimir de Russie, et de l'ordre de Nichan de Tunis, enfin commandeur de l'ordre de St-Grégoire-le-Grand, son goût inné pour une grande simplicité de mœurs et d'habitudes a voulu écarter de cette tombe, comme par un sentiment d'humilité chrétienne, ces témoignages honorifiques de sa haute fortune administrative et politique.

« Que vous dirai-je, maintenant, messieurs, des qualités privées de l'homme qui sut apporter dans la vie publique de si délicates et rares modesties ?

« Il a vécu avec cette simplicité aimable et bienveillante que tant parmi vous, messieurs, ont été à même d'apprécier, et quelques-uns d'utiliser peut-être ! Il a vécu, dans sa famille chérie, de cette vie intime et douce qui repose les esprits élevés de leurs travaux sérieux; il a vécu dans de rares et étroites amitiés, son cœur ne pouvant même paraître se donner à beaucoup, avec cette banalité facile, si bien de mode aujourd'hui.

« Elevé par une mère intelligente et pieuse entre toutes, il a compris, dès ses jeunes années, la vie austère et laborieuse du foyer domestique, et il est mort, comme il avait vécu, avec sa foi de chrétien et au milieu de ses plus chères affections, groupées autour de lui dans une suprême consolation. Depuis longtemps mortellement frappé, il semblait comme s'être replié sur lui-même ; il a pu paraître parfois plus triste peut-être, même plus, réservé dans l'expansion de ses sentiments intimes.... Son doux regard et son doux sourire, qui étaient si souvent une caresse, n'éclairaient plus ce pauvre visage pâli... Mais qui de nous, messieurs, dans de semblables conditions d'existence, eût su rendre, eût tâché de rendre, mieux que lui, moins amers ces derniers mois d'une vie qui s'éteignait ? Quelle douleur profonde, et quelle admirable résignation à dissimuler aux autres ce qu'il ne dissimulait plus à lui-même ! Et si, parfois, il laissa peut-être deviner l'émotion qui le dévorait, jamais il n'exprima cette angoisse déchirante du cœur qui sentait que Dieu l'arrachait, chaque jour, à une sœur qui avait toujours été l'ange gardien de la famille, à une belle-mère qui sut si bien être une mère excellente, à une femme, son orgueil, qui ne peut être louée en face de cette tombe, mais dont la vie fut un exemple, à une enfant adorée enfin, qu'un père des plus aimants voyait d'avance débuter dans la vie par la plus cruelle des douleurs filiales !...

« Ainsi, messieurs, s'est consommée, dans un suprême et inénarrable sacrifice intime, dans une douleur morale sans nom, cette grande existence, qui toujours et partout à fui l'éclat et le bruit; qui n'a jamais voulu entraîner autour de sa marche rapide vers les plus hautes fonctions publiques, ces bruyantes publicités que tant d'autres accumulent autour de leur médiocrité heureuse et de leur popularité factice.

« Ainsi s'est éteint, dans les bras de ses plus intimes affections, dans sa Chabroulie tant aimée, dans le même lit où mourut sa sainte mère, pour laquelle il avait le culte de la vénération, l'homme excellent qui ne livrait pas aisément son cœur, mais qui aimait si bien ceux auxquels il l'avait ouvert !

« Ainsi, enfin, disparaît de notre pays, à un âge où l'intelligence a toute sa force, celui qui fut, pour notre Périgord, une de ses illustrations, et pour tous, l'homme de bien par excellence et l'homme public des plus distingués.

« Puissent, messieurs, puissent ces hommages et ces regrets qui entourent sa tombe prématurée, puissent nos paroles si affectueusement sincères et émues, adoucir un peu ces profondes douleurs de famille auxquelles notre vieille affection s'associe dans une si large part ! »

www.ingramcontent.com/pod-product-compliance
Lightning Source LLC
Chambersburg PA
CBHW070249100426
42743CB00011B/2197